쉿!
프라이버시 이야기

Foundation of Democracy: Privacy
by Center for Civic Education

Copyright ⓒ 1997 Center for Civic Education

Korean translation copyright ⓒ 2011 Korea Democracy Foundation. The Korean edition published by arrangement with Center for Civic Education. All rights reserved.

이 책의 한국어판 저작권은 저작권자와 독점 계약한 민주화운동기념사업회에 있습니다. 저작권법에 의해 한국 내에서 보호를 받는 저작물이므로 무단전재와 무단복제를 금합니다.

초등 전 학년을 위한 민주주의 기초 ④ 사생활

쉿! 프라이버시 이야기

- 엮고 씀: 장대진 · 한은희 · 문희윤 · 이미정
- 기획: 민주화운동기념사업회 · 학교시민교육연구회

미국 시민교육센터(CCE) 시민교육 프로그램 공유 출판 도서

인물과 사상사

> 들어가며

손오공과 친구들의
마지막 모험 이야기를 시작해요

옛날, 옛날 어느 곳에서의 일입니다.

그곳은 처음에는 평화로웠지만, 14년 전부터 갑자기 이상한 기운이 하늘 아래를 휘감아 돌면서 폭력적이고, 불공평하며 무서운 세상으로 차츰 바뀌게 되었답니다.

왜 그렇게 바뀌게 되었냐고요?

세상이 평화롭고, 사람들의 얼굴에서 웃음이 끊이지 않았던 이유는 사람들 간에 불공평하고 미움을 가져올 수 있는 것들이 어마어마한 크기의 '큰도라 상자'에 담겨, 하늘 저 멀리 구름들 사이에 4개의 크고 단단한 열쇠로 봉인되어 있었기 때문이에요. 그런데 14년 전에 갑자기 4개의 열쇠가 뽑혀 지상 어딘가로 떨어졌고, 자연스레 상자가 열리면서 세상이 바뀌고 만 것이지요.

그렇다면, 열쇠 4개를 다 찾아 '큰도라 상자'를 봉인해서 세상을 정의롭고 평화롭게 만들 누군가가 있어야겠죠? 그 사람이 바로 손오공과 팥쥐, 방자예요.

평화로운 세상 만들기를 꿈꾸는 손오공과 팥쥐, 방자는 '진짜가짜' 마법

학교에서 마법을 배웠어요. 그곳에서 셋은 힘을 합쳐 여러 마법을 이용해서 4개의 열쇠 중 하나인 '정의의 열쇠'를 받았답니다.

셋은 불공평한 일들이 많이 벌어지고 있던 '이름몰라' 마을에도 갔어요. 그곳에서 어려운 사람들을 도와주고, 나쁜 사람들의 마음을 되돌리면서 평화로운 마을로 만들었답니다. '책임의 열쇠'도 얻었지요.

다음으로 '힘으로만' 산 아래의 마을을 진정한 권위가 숨 쉬는 곳으로 바꾸어 놓았답니다. 당연히 '권위의 열쇠'도 획득했습니다.

"애들아, 우리가 3개의 열쇠를 찾았으니까 이제 마지막 열쇠 하나만 찾으면 되는 거야!"

팥쥐가 '권위의 열쇠'를 목에 걸며 기쁨에 겨운 목소리로 말했습니다. 그때였습니다. 손오공과 방자 그리고 팥쥐의 목에 각각 걸려 있던 3개의 열쇠가 공중에 붕 뜨더니 거기서 하얀 빛줄기가 쏟아졌습니다. 그 빛줄기 속으로 얼굴 하나가 비쳤습니다.

"3개의 열쇠를 찾은 용감하고 정의로운 친구들이여, 나는 '큰도라 상자'

를 지키는 영령이다. 너희들의 노력으로 3개의 열쇠를 찾게 되어, 내가 깨어날 수 있게 되었구나."

손오공과 친구들은 '큰도라 상자'를 지키는 영령의 모습을 보고 소스라치게 놀랐습니다. 하지만 이내 마음을 추스른 다음 손오공이 물었습니다.

"'큰도라 상자'를 지키는 영령님, 우리는 나머지 열쇠가 어디 있는지가 궁금해요."

"'큰도라 상자'를 봉인하기 위해 필요한 마지막 열쇠는 바로 '프라이버시의 열쇠'란다. 하지만 나도 그 열쇠가 어디에 있는지 알지 못해. 단지 '프라이버시의 열쇠'를 찾을 수 있는 단서의 위치만을 알 뿐이다. '프라이버시의 열쇠'를 찾기 위해서는 4개의 단서를 찾아야 한다. 각 단서를 찾으면 다음 단서의 위치를 알려줄 테고, 마지막 단서까지 찾게 되면 '프라이버시의 열쇠'가 어디에 있는지 알 수 있단다."

'큰도라 상자'를 지키는 영령의 말에 팥쥐가 들뜬 목소리로 말했습니다.

"그럼, 첫 번째 단서의 위치를 알려 주세요."

"자, 내가 '큰도라'의 빛을 쏠 테니 이 빛을 따라가 보거라. 거기로 가면 단서를 찾을 수 있을 거야."

'큰도라 상자'를 지키는 영령의 말이 끝나자마자 하얀 빛줄기 하나가 저쪽 하늘 너머로 날아갔습니다.

"얘들아, 너희들이 '프라이버시의 열쇠'를 꼭 찾아주렴. 그렇게 된다면 4개의 열쇠가 모이게 되고, 사람들 간에 불공평하고 미움을 가져올 수 있는 것들을 다시 '큰도라 상자' 안에 넣어 봉인할 수 있을 거야. 이 세상이 다시금 평화롭고 정의로운 사회가 될 수 있게 해 주렴."

며칠 뒤, 세 친구는 '힘으로만' 산 아래 마을 사람들과 작별 인사를 하고 '프라이버시의 열쇠'를 찾기 위해 마법 구름을 타고 흰 빛줄기가 가리키는 곳으로 날아갔습니다.

자, 이제 앞으로 손오공과 그 친구들 앞에 어떠한 일들이 펼쳐질까요?

차례

들어가며 _ 손오공과 친구들의 마지막 모험 이야기를 시작해요 4

프라이버시에 대하여 알아보아요

제1화 백설 공주는 못 말려! 16
프라이버시 마법 1교시 _ 프라이버시가 무엇인가요? 25
한 뼘 더 생각하기 _ 프라이버시의 종류 구분하기 27
이야기에서 확인하기 _ 태양 형제들의 외출 29

제2화 백설 공주가 변했어요 31
프라이버시 마법 2교시 _ 프라이버시에 대해 구체적으로 알아보아요 41
한 뼘 더 생각하기 _ 사람들이 보호하려고 하는 프라이버시 구분하기 44
이야기에서 확인하기 _ 동물에게도 프라이버시가 있어요! 46

프라이버시에 대한 생각이나 행동이 다른 이유를 알아보아요

제3화 '멋진' 왕자는 신데렐라를 좋아해 50

　　프라이버시 마법 3교시 _ 사람들마다 프라이버시에 대한 생각이나 행동이
　　　　　　　　　　　　　다른 이유를 알아보아요 58

　　한 뼘 더 생각하기 _ 사람들마다 프라이버시에 대한 생각이나 행동이 다른
　　　　　　　　　　　이유 찾아보기 ① 60

　　두 뼘 더 생각하기 _ 사람들마다 프라이버시에 대한 생각이나 행동이 다른
　　　　　　　　　　　이유 찾아보기 ② 63

제4화 '프라이버시의 돌'을 찾아라! 67

　　프라이버시 마법 4교시 _ 프라이버시에 대한 사람들의 생각이나 행동에
　　　　　　　　　　　　　'문화'가 끼치는 영향은 무엇일까요? 78

　　한 뼘 더 생각하기 _ '문화'에 따라 프라이버시에 대한 생각이나 행동이
　　　　　　　　　　　다른 이유 찾아보기 81

　　스스로 해결하기 _ 나도 학교를 다니고 싶어! 84

프라이버시로 인해 생기는 결과에 대하여 알아보아요

제5화 인어 공주에게 프라이버시가 필요해! 96

프라이버시 마법 5교시 _ 프라이버시로 인한 이익과 대가는 무엇인가요? 105

한 뼘 더 생각하기 _ 프라이버시로 인한 이익과 대가 구분하기 109

이야기에서 확인하기 _ 보여 줄 수 없는 일기장 112

제6화 위기에 빠진 인어 공주를 구하라! 114

프라이버시 마법 6교시 _ 프라이버시로 인한 이익과 대가를 평가할 수 있나요? 126

한 뼘 더 생각하기 _ 혼자 연습할래! 133

스스로 해결하기 _ CCTV로 세상을 본다는 것 136

프라이버시의 범위와 한계에 대하여 알아보아요

제7화 신기한 '프라이버시의 나라' 150
   프라이버시 마법 7교시 _ 프라이버시의 범위와 한계에 대해 알아보아요 160
   한 뼘 더 생각하기 _ 프라이버시권이 중요한 이유와 한계 알기 164
   이야기에서 확인하기 _ 보미의 고민 166

제8화 가가멜 할아버지의 고민 해결하기 대작전 168
   프라이버시 마법 8교시 _ 프라이버시 문제를 어떻게 해결할까요? 175
   이야기에서 확인하기 _ 프라이버시 문제 해결하기 180
   스스로 해결하기 _ 박 기자의 고민 183

   나가며 _ 이제 평화로운 세상이 되돌아왔어요! 194
   마무리하기 _ 지금까지 배운 것을 떠올려 보아요! 198

   엮고 쓴 이의 말 _ 200   책을 펴내며 _ 203

프라이버시에 대하여 알아보아요

"왜 내 일기장을 들춰 보려는 거야? 이것은 내 프라이버시라고!"

우리는 일상생활에서 '프라이버시' 라는 단어를 많이 사용합니다. 과연 프라이버시란 무엇일까요? 프라이버시의 구체적인 것들에는 무엇이 있을까요? 그리고 사람들은 이러한 프라이버시를 보호하기 위해 어떻게 행동할까요?

막상 프라이버시에 대해서 이야기하려니 궁금한 것이 많네요. 자, 이제부터 하나하나씩 알아보아요!

제1화 백설 공주는 못 말려!

손오공과 친구들은 마법의 구름을 타고 하얀 빛줄기를 쫓아갔습니다. 열흘이 흘렀을까, 바다를 넘고 몇 개의 산을 넘었습니다. 어둠이 깔릴 무렵, 드디어 하얀 빛줄기는 숲 속 한 곳을 가리켰습니다.

"저기에 '프라이버시의 열쇠'를 찾을 수 있는 단서가 있을 거야."

세 사람이 가까이 가 보니, 하얀 빛줄기는 씩씩거리며 걷고 있는 한 여자아이를 가리키고 있었어요.

"애야, 혼자 어디를 가고 있니? 밤중에 혼자 숲 속을 걷다간 위험한 일을 겪을 수 있단다."

손오공이 걱정스러운 표정으로 말했습니다.

"괜찮아요, 뭐. 집에서도 저를 찾지 않을 거예요. 물론 저도 집에 들어가기 싫고요."

여자아이는 무척 화가 난 것 같았어요. 손오공이 다시 포근한 목소리로 자초지종을 물었습니다. 그러자 마음이 조금 누그러졌는지 여자아이가 자기 이야기를 속사포처럼 내뱉기 시작했어요.

"저는 이 근처 프라이 성에 살고 있는 백설 공주예요. 올해 열 살이죠. 우리 엄마와 아빠는 만날 저에게 야단을 쳐요. 아빠에게 온 편지를 봤다고 혼나고, 엄마가 좋아하는 댄스 강습에 같이 가려고 했더니 또 혼나고, 아빠가 목욕하는 화장실에 들어갔다고 혼나고……. 같은 가족끼리인데 뭐가 어때서 그러는지……. 저는 주워 온 자식인가 봐요. 매일 혼만 나니까 도저히 참을 수가 없어서 성에서 나왔어요."

"이제 밤도 깊었는데, 잘 데는 있는 거니?"

"이 숲 속에 제 삼촌들이 살고 있는 집이 있어요. 한동안은 거기서 지내려고요."

"그럼, 삼촌들한테 미리 연락은 드리고 가는 거니? 밤늦게 가는 것은 예의가 아닌 것 같은데."

"연락드리지 않았어요. 친척끼리 그럴 필요가 있나요?"

손오공과 친구들은 '프라이버시의 열쇠'의 단서를 쥐고 있는 백설 공주와 함께 가기로 했습니다. 늦은 밤에 백설 공주 혼자 숲 속에 내버려 두기가 걱정되기도 하였고요.

숲 속 길을 얼마나 걸어갔을까, 연기가 모락모락 피어오르는 오두막 하나가 보였습니다.

"저기가 바로 우리 삼촌들이 살고 있는 일곱 난쟁이의 집이에요."

백설 공주는 씩씩하게 말하고선 현관문을 벌컥 열었습니다.

"일곱 난쟁이 삼촌, 제가 왔어요!"

집 안에 있던 일곱 난쟁이들은 깜짝 놀랐습니다. 갑자기 백설 공주가 왔기 때문이었지요. 잠옷 차림의 어느 난쟁이는 몸을 숨기기에 바빴고, 조용히 음악을 듣고 있던 난쟁이는 갑자기 소란스러워지자 얼굴을 찌푸렸습니다.

"백설 공주야, 미리 연락을 하고 와야지. 갑자기 찾아오니 당황스럽구나."

난쟁이 중 1명이 타이르듯 말했습니다. 하지만 어쩔 수 없지요. 밤이 깊었

기 때문에 일곱 난쟁이들은 백설 공주와 손오공 친구들에게 잠자리를 제공하였습니다.

다음 날이 되었습니다. 아침 일찍 일어난 손오공은 일곱 난쟁이들을 1명씩 살펴보았습니다. 일곱 난쟁이들의 이름은 '조용이', '조잘이', '같이봐', '함께해', '비밀이', '보지마', '난자유'였습니다. 다들 이름만큼 개성도 강했어요.

'비밀이'는 글을 쓰는 취미가 있어요. 하지만 자기가 쓴 글을 다른 사람이 함부로 보려고 하는 것을 엄청 싫어했답니다. 그리고 자기가 무엇을 좋아하고 어떤 사람들을 싫어하는지에 대해서 다른 사람이 아는 것을 꺼렸습니다.

'보지마'는 혼자 있는 것을 좋아했습니다. 특히나 오두막 뒤편의 작은 풀숲은 '보지마'만의 공간이에요. '보지마'는 이곳에 가서 다른 사람에게 보이지 않고 혼자 있는 시간을 즐겼답니다.

'난자유'는 다른 사람들로부터 간섭받지 않고 행동하기를 원했어요. 다른 사람에게 들리지 않게 헤드폰으로 음악을 들으며 신나게 춤추는 것을 엄청 좋아했지요.

뒤늦게 일어난 백설 공주는 오두막 이곳저곳을 기웃거렸습니다. '비밀이'의 방에 들어가서 책상 위에 있는 '비밀이'의 일기장을 들춰 보았습니다.

"백설 공주야, 그러면 안 돼! 왜 너는 허락도 없이 내 일기장을 보는 거니? 거기에는 내 개인적인 것들이 들어 있어. 나는 다른 사람들이 그걸 보는 게 싫어!"

세수를 하고 방에 들어온 '비밀이'는 깜짝 놀라 일기장을 뺏으면서 소리 쳤습니다.

"좀 봤다고 일기장이 닳기라도 해요?"

뾰루퉁해진 백설 공주는 거실로 갔습니다. 거실 한쪽에서 '난자유'가 헤드폰을 끼고 신나게 춤을 추고 있었습니다. 그 모습을 본 백설 공주는 깔깔 웃었습니다. 그러곤 '난자유'의 팔을 잡았습니다.

"'난자유' 삼촌, 춤추는 게 참 이상해요."

그러자 '난자유'가 얼굴을 찌푸리며 말했습니다.

"백설 공주야, 난 춤을 추는 게 좋아. 그리고 다른 사람에게 피해가 안 가게 헤드폰을 끼고 거실 한쪽에서 하고 있잖아. 내가 춤추는 것을 방해하지 않았으면 좋겠어."

"부모님이나 삼촌들이나 나한테 화를 내는 것은 다 마찬가지야."

화가 난 백설 공주는 오두막 밖으로 나갔습니다. 오두막 뒤편으로 가니 조그만 풀숲이 있었어요. 그리고 풀숲 사이로 사람 얼굴이 보였습니다. 백설 공주가 가장 좋아하는 '보지마'였어요. 백설 공주는 '보지마'를 보자 얼른 뛰어갔습니다.

"'보지마' 삼촌, '비밀이' 삼촌이랑 '난자유' 삼촌이 저를 기분 나쁘게 했어요."

'보지마' 삼촌이 자기를 위로해 줄 거라고 생각한 백설 공주는 투정 부리듯이 말했습니다. 하지만 '보지마' 삼촌은 짜증을 내며 대답했어요.

"백설 공주야, 내가 전에도 몇 번 얘기했잖아. 이 풀숲은 나만의 공간이고, 내가 풀숲에 있는 시간만큼은 나한테 말을 걸지 말라고. 너 때문에 기분이 좋지 않구나."

'보지마' 삼촌의 말에 백설 공주는 더 화가 나서 소리를 질렀습니다.

"7명의 삼촌 모두 미워. 나한테 화만 내고. 그렇다면 나는 이곳을 떠나서 삼촌도 없고 부모님도 없는 곳으로 갈 테야."

백설 공주는 씩씩거리며 자기 짐을 가지러 오두막 안으로 들어갔습니다.

때마침 전화벨이 울렸어요. 자기 짐을 주섬주섬 챙기던 백설 공주는 무심결에 수화기를 들었습니다.

"여보세요. 여기는 일곱 난쟁이의 집입니다."

"안녕하세요. 저희는 인터넷 쇼핑 업체 '무조건사' 입니다."

"무슨 일 때문에 그러시죠?"

"네. 우리 '무조건사' 에서는 가을맞이 이벤트로, 우리 회사의 회원으로 가입하시면 맛있는 사과 2상자를 무료로 드리는 행사를 하고 있답니다."

무료로 사과 2상자를 준다는 말에 백설 공주는 관심이 생겼습니다.

"공짜로 준다는 거죠? 그렇다면 어떻게 하면 회원 가입이 되나요?"

"간단합니다. 일단 사과를 배송해 드려야 하니까 정확한 주소를 말씀해 주세요. 물건을 수령할 때 본인 확인을 해야 하니까, 본인 이름과 신용카드 번호, 신용카드 비밀번호도 알려 주시면 됩니다. 전화 받는 분은 어린이죠? 그 집 어른 중 한 분의 것을 알려 주세요."

"알겠어요. 먼저, 여기 주소는 '이름없는' 산 '모르는숲속' 2길 일곱 난쟁이의 집이고요, 이름은 '보지마'. 신용카드 번호는……. 잠깐만요."

백설 공주는 수화기를 잠시 내려놓고 '보지마'의 방으로 가서 신용카드 한 장을 꺼내왔어요.

"신용카드 번호는 223-558-6345-658이고, 비밀번호는 1234예요."

"네. 감사합니다. 지금 바로 맛있는 사과 2상자를 배송해 드리겠습니다."

자기만의 풀숲에서 나와 오두막으로 들어온 '보지마'가 백설 공주에게 무슨 일이냐고 물었습니다. 자초지종을 들은 '보지마'는 한숨을 내쉬었습니다.

"백설 공주야. 집 주소, 신용카드 번호 등은 아주 중요한 정보야. 이것을

다른 사람에게 함부로 알려 주면 안 된단다. 때로는 그것 때문에 좋지 않은 일을 겪을 수가 있어."

20분도 안되어서 초인종이 울렸습니다.

" '무조건사'에서 왔습니다. 배송 물품이 왔어요."

'보지마'가 문을 열었습니다.

" '보지마' 씨죠?"

"네."

"주문하신 사과 2상자를 가져왔습니다."

"주문이라니요? 주문한 적이 없는데요. 아, 무료로 사과 2상자를 준다기에 '무조건사'에 회원 가입한 적은 있습니다."

"무슨 말씀이세요? 신용카드 번호 223-558-6345-658, 비밀번호 1234, 맞죠? 아까 전화로 주문하셨잖아요."

'보지마'는 기가 찼습니다. 사기 전화 피해를 당한 것이에요. '보지마'는 화를 참으면서 사과 2상자를 받았습니다. 아무것도 모르는 백설 공주는 마냥 신나하면서 사과 1개를 집어들었습니다. 사과 상자 안을 유심히 살피던 '보지마'가 황급히 말했습니다.

"백설 공주야, 잠깐 기다려. 사과 냄새도 이상하고 색깔도 누르스름한 것이 썩은 사과 같아."

하지만 백설 공주는 이미 사과 한 입을 베어 먹은 후였어요. 사과를 먹자마자 백설 공주가 배를 부여잡고 데굴데굴 구르기 시작했습니다.

"아이고, 배야. '보지마' 삼촌, 사과 맛이 이상해요. 배가 너무 아파요."

'보지마'는 어찌할 바를 몰랐습니다. 백설 공주는 얼굴이 창백해지고 배의 통증이 더 심해졌는지 큰 소리를 질렀습니다. 빨리 어떤 조치를 취하지 않으면 큰일 날 것 같아요!

과연, 백설 공주는 썩은 사과를 먹고 무사할 수 있을까요?

〈알쏭달쏭 물음표〉

하나. '비밀이' 삼촌은 무엇 때문에 백설 공주에게 화가 났나요?

둘. '난자유' 삼촌은 무엇 때문에 백설 공주에게 화가 났나요?

셋. '보지마' 삼촌은 무엇 때문에 백설 공주에게 화가 났나요?

넷. 여러분이 백설 공주라면, '무조건사'의 전화를 받으면서 알려 주지 말아야 할 것은 무엇일까요?

프라이버시 마법 1교시

프라이버시가 무엇인가요?

우리는 일상생활 속에서 '프라이버시'라는 말을 많이 사용합니다.

"이건 나의 프라이버시야."

"나의 프라이버시를 존중해 줘."

여기에서는 우리가 흔히 사용하는 '프라이버시'의 의미에 대해서 자세히 알아보겠습니다. 과연 프라이버시란 무엇일까요?

첫째, 프라이버시는 나에 대한 정보를 다른 사람에게 알려 주지 않는 것입니다.

위의 이야기에서 '비밀이'는 자기가 쓴 글을 다른 사람이 함부로 보려고 하는 것을 엄청 싫어했어요. 그런데 백설 공주가 허락도 없이 자신의 개인적인 이야기와 정보가 들어 있는 일기장을 들춰 보자 '비밀이'는 화를 냈습니다. 여러분의 주민등록번호나 인터넷 아이디와 비밀번호는 다른 사람들이 함부로 알아선 안 되는 중요한 정보로서 프라이버시를 가지고 있듯이, 나에 대한 정보를 다른 사람에게 알려 주지 않는 것이 프라이버시입니다.

둘째, 프라이버시는 다른 사람들의 간섭 없이 행동하는 것입니다.

위의 이야기에서 '난자유'는 거실 한쪽에서 헤드폰으로 음악을 들으며 신나게 춤을 추고 있었습니다. 그런데 백설 공주가 이를 방해하자 화를 냈죠. 여러분도 부모님이나 형제들의 간섭 없이 행동하고 싶을 때가 있지 않나요? 이처럼 다른 사람들의 간섭 없이 행동할 때 프라이버시가 존재합니다.

셋째, 프라이버시는 다른 사람에게 보이지 않는 것입니다.

위의 이야기에서 '보지마'는 자기만의 공간인 오두막 뒤편 작은 풀숲에서 혼자만의 시간을 갖는 것을 좋아했습니다. 그런데 다른 사람의 시선에서 벗어나 홀로 있는 소중한 시간을 백설 공주가 방해하자 '보지마'는 화를 냈어요. 여러분도 이런 경험이 있을 거예요. 집에 친척들이 놀러오면, 북적거리는 게 싫어서 자기 방에 들어가서 편안함을 느끼는 것처럼 말이에요. 이와 같이 다른 사람에게 보이지 않고 홀로 있을 수 있는 것이 프라이버시입니다.

〈이것만 알아둬요!〉

프라이버시란?
- 나에 대한 정보를 다른 사람에게 알려 주지 않는 것: "쉿! 이것은 나만의 비밀!"
- 다른 사람들의 간섭 없이 행동하는 것: "내가 이렇게 행동하게 내버려 둬!"
- 다른 사람에게 보이지 않는 것: "나는 다른 사람의 관찰 대상이 아니야!"

한 뼘 더 생각하기

프라이버시의 종류 구분하기

다음의 이야기들을 잘 읽고, 물음에 답하세요.

1. 보민이네 가족은 저녁에 거실에 둘러 앉아 TV를 보고 있었습니다. 그때 보민이의 휴대 전화가 울렸어요. 보민이의 가장 친한 친구인 정민이였어요. 둘은 매일 저녁 둘만의 비밀 이야기를 휴대 전화로 주고받고 있었거든요. 보민이는 휴대 전화를 들고 자기 방으로 들어가서 문을 잠갔습니다. 그러곤 정민이와 비밀 이야기를 시작했어요.

▷ 이 이야기는 3가지의 프라이버시 중 무엇과 관련이 있나요?

2. 선생님께서 채점하신 수학 단원 평가 시험지를 받은 진성이는 얼굴이 붉어졌습니다. 30점이었어요. 다른 친구들이 알면 무척 창피할 것 같았어요. 진성이는 단짝인 준범이에게 말했어요.
"준범아, 내 수학 점수를 다른 친구들한테 말하지 마. 이건 너와 나만의 비밀이야."

▷ 이 이야기는 3가지의 프라이버시 중 무엇과 관련이 있나요?

3. 지원이는 방과 후에 학교 앞의 문방구를 그냥 지나치지 못합니다. 오늘도 지원이는 문방구의 뽑기 기계 앞에서 재미있게 놀고 있었습니다. 그때 혜민이 어머니가 문방구로 들어왔습니다. 혜민이 어머니는 지원이 어머니와 친한 사이예요.
"지원아, 빨리 집에 가야지. 너희 어머니가 걱정하시겠다."
지원이는 할 수 없이 뽑기 놀이를 그만하고 집으로 발걸음을 옮겼습니다.

▷ 이 이야기는 3가지의 프라이버시 중 무엇과 관련이 있나요?

이야기에서 확인하기

태양 형제들의 외출

옛날, 옛날의 일입니다. 하늘 위 구름 나라에 살고 있는 옥황상제에게는 10명의 아들이 있었어요. 10명의 아들은 모두 태양이었지요. 옥황상제는 아들들에게 명령을 내렸어요.

"얘들아, 첫째부터 하루에 1명씩 하늘에 떠서 지상 세계를 밝히거라."

그러던 어느 날이었어요. 막내가 하늘에 오를 차례인데, 둘째가 나가려고 하는 거예요.

"형, 오늘은 내가 하늘로 나갈 차례야."

"그러니? 이번만 나랑 순서를 바꾸면 안 되겠니? 구름 나라는 진짜 심심해. 하늘을 신나게 왔다 갔다 하고 싶어."

"싫어. 나도 하늘을 신나게 왔다 갔다 하고 싶은걸."

이때, 첫째가 무릎을 치며 말했습니다.

"얘들아, 너희들도 구름 나라보다는 하늘 이곳저곳을 뛰어놀고 싶지? 그렇다면 1명씩 가지 말고, 우리 모두 한꺼번에 올라가는 것은 어떠니?"

이때, 셋째가 심드렁한 표정으로 대답했어요.

"나는 싫어. 나는 밖에 나가는 거 싫단 말이야. 그냥 집에 혼자 있을래. 잘됐

다. 너희들은 나가든지 말든지 마음대로 해. 나야 너희들이 없으면 집에서 혼자 나만의 시간을 보낼 수 있으니까."

셋째를 제외한 모든 형제들은 하늘 위로 올라가는 것에 찬성했습니다. 그러자 첫째가 셋째에게 다짐을 받았어요.

"셋째야, 우리가 모두 하늘 위로 올라가는 것은 비밀이야. 아버지인 옥황상제한테 말하면 절대 안 돼. 알았지?"

"알았어. 아버지한테는 반드시 비밀로 할게."

그날, 셋째를 제외한 9명이 동시에 하늘로 올라갔어요. 서로들 하늘 이곳저곳을 신나게 뛰어다녔답니다. 하지만 지상에 살고 있는 사람들은 어땠을까요? 뜨거운 햇살이 비치는 태양이 1개도 아니고 무려 9개가 하늘 위에 떴어요. 몇 시간이 지나자 지상에 있던 바다와 강들이 증발해서 메마르고, 사람들은 더워서 쪄 죽을 것 같았어요. 하지만 아홉 개의 태양들은 서로 신나하면서 하늘을 제집처럼 뛰어다녔답니다.

♣ 위의 이야기를 잘 읽었나요? 이 이야기는 세 가지의 프라이버시 중 무엇과 관련이 있나요?

제2화 백설 공주가 변했어요

백설 공주가 지르는 소리를 듣고 밖에 있던 손오공과 친구들이 오두막 안으로 들어왔습니다. '보지마'로부터 무슨 일인지 이야기를 들은 다음, 손오공은 백설 공주가 먹었던 사과를 유심히 살펴보았습니다.

"얘들아, 여기를 잘 봐. 썩은 사과 안에 아주 조그만 벌레가 있어."

손오공이 핀셋으로 조그만 벌레를 꺼내서 나무 탁자 위에 올려놓았습니다. 그러자 그 벌레는 나무 탁자를 갉아먹기 시작했습니다.

"썩은 사과 안에 있는 이 벌레가 뱃속으로 들어가서 내장을 갉아먹기 때문에 백설 공주가 아주 큰 고통을 느끼는 거야!"

팥쥐가 소리쳤습니다. 손오공과 친구들은 머리를 맞대어 해결책을 생각해 보았지만 마땅한 것이 떠오르지 않았습니다. 이때 방자가 나무 탁자에 구멍을 내려고 하는 벌레를 손바닥으로 치며 혼잣말로 중얼거렸습니다.

"에이, 이렇게 벌레를 쳐서 없애면 되는데……."

그러자 손오공이 손뼉을 치며 말했어요.

"방자 말이 맞아. 직접 벌레를 잡으면 돼. 마법을 써서 배 속에 들어갈 정도로 아주 작게 변한 다음, 직접 배 속의 벌레를 잡으면 쉽게 해결될 거야."

"손오공! 배 속으로 들어갔다가 어떻게 다시 밖으로 나오려고? 혹시 똥 속에 파묻혀서 나올 생각은 아니겠지? 그러면 다시는 너랑 같이 다니지 않을 거야."

팥쥐가 손사래를 치며 말했습니다. 그러자 손오공이 웃으며 답했어요.

"나도 그러기는 싫어. 내가 벌레를 다 없애면 마법으로 너희들에게 알려줄게. 그러면 너희들이 강아지풀로 백설 공주의 코를 간지럽게 해. 그러면 백설 공주가 재채기를 할 테고, 그때 밖으로 나오면 돼."

말을 마친 손오공은 머리털을 한 가닥 뽑은 다음 허공에 던지며 주문을 외웠습니다.

"자그라자그라 얍!"

그러자, 손오공이 눈에 안 보일 정도로 작아졌어요. 팥쥐는 핀셋으로 조심히 손오공을 든 다음 백설 공주에게 말했습니다.

"백설 공주야, 입을 벌리고 그냥 꿀꺽 삼켜. 절대 씹으면 안 돼."

백설 공주의 입속으로 들어간 손오공은 식도를 지나 배 속에 도달했습니다. 과연 무시무시하게 생긴 벌레들이 내장 안을 뜯어먹고 있었습니다. 손오공은 요술봉을 휘두르며 벌레들을 하나둘씩 없앴습니다. 10분 정도 흘렀을까, 뱃속의 벌레를 모두 없앤 손오공은 다시 식도를 타고 올라왔습니다. 그러곤 마법으로 팥쥐에게 신호를 보냈어요.

"팥쥐야, 지금이야. 어서 강아지풀로 백설 공주의 코를 간지럽게 해."

그러자 백설 공주는 큰 소리를 내며 재채기를 했고, 그 틈을 타서 식도에 있던 손오공이 밖으로 튕겨져 나왔어요.

"크지라크지라 바방!"

손오공은 다시 주문을 외워서 원래의 상태로 변했답니다.

"백설 공주야, 손오공이 아니었으면 큰일 날 뻔했구나. 네가 집 주소와 신용카드 번호 등의 정보를 다른 사람한테 함부로 알려 주었다가 이런 일이 벌어진 거야. 앞으로 그러면 안 돼."

'보지마'가 백설 공주에게 타이르듯 말했습니다. 하지만 백설 공주는 아픈 데가 낫자, 다시 짐을 싸며 입을 삐죽였습니다.

"몰라, 몰라. 일곱 난쟁이 삼촌들도 다 싫어. 나한테 화만 내고 말이야."

손오공과 친구들은 걱정이 되었습니다. 백설 공주가 자기가 한 잘못을 깨닫지 못하고 있으니까 말이죠. 그래서 한 가지 꾀를 내었습니다.

"만약에 네가 '비밀이', '난자유', '보지마' 삼촌들한테 했던 것을 실제로 겪게 되면 너는 화가 나지 않을 것 같니?"

"그럼요. 우리는 가까운 사이이기 때문에, 제가 그러한 일을 겪더라도 절대로 화가 나지 않을 거예요."

백설 공주가 자신 있게 대답했습니다. 그러자, 팥쥐가 한쪽 벽에 걸려 있는 거울을 향해 주문을 외웠습니다.

"가상으로가상으로 보이랏!"

거울 주위로 흰 연기가 피어오르더니 하얀빛이 그 주위를 감쌌습니다.

"이것은 마법의 '만약에' 거울이란다. 이 거울 앞에 서면 네가 상상하는 것들이 벌어지는 모습을 볼 수 있어. 백설 공주야, 만약에 네 부모님이 너와 관련한 것들을 이것저것 살펴보고 간섭해도 화가 안 날까?"

손오공이 빙그레 웃으며 말했습니다. 그러자 백설 공주는 더 큰 목소리로 자신 있게 말하며 마법의 '만약에' 거울 앞에 섰습니다.

"물론이에요. 저는 화 같은 건 내지 않을 거란 말이에요."

잠시 후 백설 공주가 상상하는 모습이 거울 속에 나타났습니다.

여기는 프라이 성이에요. 백설 공주는 자기 방에서 절친한 친구인 피오나 공주에게 비밀 편지를 쓰고 있네요.

〈오늘 학교에서 개구리 왕자가 나한테 말을 걸었어. 같은 반이 된 지 5개월 만에 처음으로 나한테 말을 건 거야.〉

그때, 엄마가 방에 들어왔습니다. 그러곤 백설 공주가 쓰고 있던 편지를 가로채서 읽었어요.

"안 돼요, 엄마. 이것은 피오나 공주와 나만이 보는 비밀 편지라고요."

"백설 공주야. 같은 가족인데 비밀이 뭐가 있겠니? 같이 보자꾸나."

"그러면 안 돼. 다른 사람에게는 절대 보여 주지 않기로 피오나 공주와 약

속했는데……. 그래서 내 비밀 이야기도 마음 놓고 쓰는 건데……. 그걸 엄마가 보면 안 돼!"

마법의 '만약에' 거울 밖에 있던 백설 공주가 소리쳤습니다.

엄마는 편지를 읽고선 빙그레 웃음을 지었습니다.

"백설 공주야, 좋아하는 남자 친구가 있나 보구나. 개구리 왕자라. '물속나라'에 살고 있는 아이지? 저번에 왕실 파티 때 본 것 같구나. 애야, 너 개구리 왕자 좋아하지? 말해 봐."

"엄마는 왜 그런 이야기를 해요? 저는 말하기 싫어요."

백설 공주는 자기의 속마음이 들킨 것 같아 얼굴이 빨개지며 대답했습니다.

"애야, 엄마한테 그 정도도 말을 안 해 주니? 개구리 왕자에 대한 너의 생각을 빨리 말해 보렴."

백설 공주는 마법의 '만약에' 거울을 두 팔과 몸으로 가렸습니다. 옆에 있던 삼촌들과 손오공 친구들에게 자기의 속마음을 들킨 것 같았거든요. 얼굴이 화끈거렸습니다.

백설 공주는 엄마를 뿌리치고 거실로 나왔습니다. 아빠가 소파에 앉아 TV를 보고 있었습니다. 소파 옆으로 다가간 백설 공주는 깜짝 놀랐습니다. 아빠가 곰돌이 인형을 쿠션 삼아 허리 뒤편에 놓고 앉아 있는 것이 아니겠어요?

"아빠, 곰돌이 인형을 깔아뭉개면 어떻게 해요? 곰돌이 인형은 내가 가장 아끼는 것인데. 저한테 이야기하지도 않고 가져가면 안 되잖아요."

한쪽이 눌린 곰돌이 인형을 낚아챈 백설 공주는 두 팔로 인형을 꼭 안으며 울음을 터뜨렸습니다.

"쿠션이 보이지 않아서, 너의 곰돌이 인형을 대신 썼단다. 가족 사이에 꼭 이야기를 해야 하니?"

"아빠, 이건 내가 가장 아끼는 인형이라고요. 8년 동안 항상 내가 안고 자는 소중한 인형이라고요."

마법의 '만약에' 거울 밖에 있던 백설 공주도 눈물을 흘렸습니다. 백설 공주는 거울 속 아빠가 정말이지 미웠어요.

백설 공주는 곰돌이 인형을 들고 다락방으로 올라갔습니다. 여기는 백설 공주만의 공간이에요. 가끔 마음이 울적하거나 혼자 있고 싶을 때 이곳에 온답니다. 시간이 흐르자 마음이 진정되었습니다. 그때, 내일 학교에서 노래 부르기 시험이 있다는 것이 떠올랐습니다. 백설 공주는 음치라서 다른 사람 앞에서 노래 부르는 것을 싫어했습니다. 다행히 노래 부르기 시험은 음악실에 혼자 들어가서 선생님 앞에서만 부르면 되는 것이에요. 음치지만 연습을 하고 가야겠다는 생각이 들었습니다. 목소리를 가다듬고 내일 부를 노래를 불렀습니다.

"곰돌아, 너도 내 노랫소리가 이상하게 들리지? 그렇지만 열심히 연습할 거야. 여기는 곰돌이와 나 둘뿐이니까 마음 놓고 연습할 수 있어."

갑자기 뒤에서 인기척이 들렸습니다. 뒤돌아보니 거기에는 아빠가 있었어요.

"아빠, 여기는 나만의 공간이에요. 그리고 다른 사람들이 내 노래를 듣는 걸 내가 싫어한다는 것을 아빠도 알고 계시잖아요."

"가족끼리인데 뭘 그렇게 얘기하니? 아빠는 네가 곰돌이 인형 때문에 화가 난 것 같아서 미안하다는 말을 전하러 왔단다."

"하지만 내가 노래하는 것을 다른 사람이 듣는 게 싫다고요."

마법의 '만약에' 거울 밖에 있던 백설 공주의 얼굴에 눈물이 흘렀습니다.

 눈물이 바닥에 떨어지자 물방울이 튀면서 거울 주위의 하얀빛이 사라졌습니다.
 "백설 공주야, 이제 부모님이랑 난쟁이 삼촌들에게 네가 했던 행동들이 잘못되었음을 깨달을 수 있겠니?"
 팥쥐가 백설 공주의 얼굴을 닦아 주면서 말했습니다.
 "네. 막상 제가 겪고 보니 제 잘못을 알겠어요. 그리고 프라이버시의 소중함도 느낄 수 있었어요."
 "그래, 나의 프라이버시가 소중하듯이 다른 사람의 프라이버시도 소중한 것이란다. 그렇다면 너도 우리 집에 왔을 때 네가 있을 공간이 필요하겠지?

저쪽에 있는 작은 방을 네가 쓰거라. 그리고 문 앞에 '쉿! 혼자 있고 싶어요'라는 팻말을 걸어 놓으면 누구도 너를 방해하지 않을 거야."

'보지마'가 백설 공주의 어깨를 두드리며 말했습니다. 백설 공주는 '보지마'를 비롯한 다른 난쟁이들에게 미안하다고 사과를 하였어요. 그리고 쭈뼛거리며 부탁을 했습니다.

"그런데 아까 마법의 '만약에' 거울에 나왔던 이야기들, 특히 제가 개구리 왕자를 좋아한다는 것은 비밀로 해 주세요. 다른 사람들이 안다면 부끄러울 테니까요."

옆에 있던 사람들은 모두 고개를 끄덕였습니다. 절대로 다른 사람한테 말을 하지 않기로 손가락을 걸고 다짐을 했습니다. 그제야 백설 공주도 환하게 웃음을 지었습니다.

그때였습니다. 손오공과 방자, 팥쥐의 목에 걸려 있던 열쇠들이 공중으로 붕 뜨더니 하얀 빛줄기 하나가 백설 공주의 목걸이를 비추었습니다. 그러자 백설 공주의 목걸이에서 붉은 연기가 피어오르더니 붉은빛이 저쪽 하늘 너머로 쏘아졌습니다.

"손오공, '프라이버시의 열쇠'가 있는 곳을 알려 주는 또 다른 단서야."

방자와 팥쥐가 한목소리로 외쳤습니다.

이제 작별할 시간이에요. 손오공과 친구들은 일곱 난쟁이, 백설 공주와 마지막 인사를 나누었습니다. 그런 뒤 백설 공주는 부모님이 계시는 프라이 성으로 가고, 손오공과 친구들은 붉은빛을 쫓아갔습니다. 일곱 난쟁이들은 손오공과 친구들이 눈에 보이지 않을 때까지 손을 흔들며 배웅했답니다.

자, 손오공과 친구들에게는 어떤 모험이 기다리고 있을까요?

〈알쏭달쏭 물음표〉

하나. 마법의 '만약에' 거울 속에서 백설 공주가 엄마에게 화를 낸 이유는 무엇인가요?

둘. 마법의 '만약에' 거울 속에서 백설 공주가 아빠에게 화를 낸 이유는 무엇인가요?

셋. 마법의 '만약에' 거울 속에서 백설 공주는 자신의 프라이버시를 보호하기 위해서 어떻게 했나요?

넷. '보지마'가 백설 공주의 방을 따로 마련해 준 이유와, 백설 공주가 자기가 개구리 왕자를 좋아하는 것을 비밀로 해 달라고 말한 이유는 무엇인가요?

프라이버시
마법 2교시

프라이버시에 대해 구체적으로 알아보아요

지난 시간에 프라이버시의 세 가지 종류에 대해서 배운 것을 기억하지요? 여기에서는 프라이버시에 대해서 구체적으로 알아보아요. 사람들이 보호하려고 하는 프라이버시에는 어떤 것들이 있을까요?

첫째, 의사소통입니다.
위의 이야기에서 엄마는 백설 공주가 쓰는 비밀 편지를 보려고 했어요. 백설 공주는 피오나 공주와의 비밀 이야기가 편지에 쓰여 있었기 때문에, 엄마에게 내용을 보여 주지 않으려고 했습니다.
이처럼, 사람들은 친구들과의 대화, 편지, 이야기 등을 다른 사람이 듣거나 알지 못하게 합니다.

둘째, 자신의 생각입니다.
위의 이야기에서 엄마는 백설 공주에게 개구리 왕자에 대해 느끼는 감정, 생각을 말해 달라고 합니다. 하지만 백설 공주는 말하기 싫어했습니다. 여러분이라면 자기가 좋아하는 사람이 누구인지 선뜻 말하고 싶겠어요? 이처럼 사람들은 자신의 감정, 느낌, 생각, 사상이 보호받기를 원합니다.

셋째, 자신이 갖고 있는 것들입니다.

위의 이야기에서 아빠는 백설 공주가 가장 아끼는 곰돌이 인형을 함부로 사용했어요. 그러자 백설 공주는 아빠 때문에 한쪽이 눌린 곰돌이 인형을 껴안으며 울음을 터뜨렸지요. 이처럼 사람들은 자기가 갖고 있는 것들을 다른 사람들이 함부로 다루거나 사용하는 것을 싫어합니다.

넷째, 자신의 행동입니다.

위의 이야기에서 백설 공주는 다락방에서 노래를 부르고 있을 때 아빠가 찾아오자 화를 냈어요. 백설 공주는 음치이기 때문에 자신만의 공간인 다락방에서 혼자 노래를 부르고 있었는데, 아빠가 방해했기 때문이죠. 이처럼 사람들은 다른 사람의 방해나 간섭 없이 자신의 개인적인 행동을 자유롭게 하고 싶어 합니다.

그렇다면 이러한 프라이버시를 보호하기 위해 사람들은 어떻게 행동할까요?

첫째, 비밀로 하면서 프라이버시를 보호합니다.

위의 이야기에서 백설 공주는 손오공 친구들에게 자기가 개구리 왕자를 좋아한다는 사실을 비밀로 해 달라고 했습니다. 이처럼 사람들은 친구 간에 비밀을 지킨다고 약속을 하거나, 의사가 환자의 정보에 대해서 다른 사람에게 말하지 않기로 하면서 프라이버시를 보호합니다.

둘째, 혼자만의 공간을 이용하여 프라이버시를 보호합니다.

위의 이야기에서 난쟁이 삼촌들은 백설 공주를 위해서 백설 공주만을 위한 방을 만들어 주고, 문 앞에 '쉿! 혼자 있고 싶어요'라는 팻말을 걸어 놓으면 그 누구도 백설 공주를 방해하지 않을 거라고 했어요. 이처럼 사람들은 자신의 프라이버시를 보호하기 위해서 혼자만의 공간을 이용합니다.

〈이것만 알아둬요!〉
- **사람들이 보호하려고 하는 구체적인 프라이버시**
  − 의사소통   − 자신의 생각   − 자신이 갖고 있는 것들   − 자신의 행동
- **사람들이 프라이버시를 보호하기 위해 하는 행동**
  − 비밀로 한다.
  − 혼자만의 공간을 이용한다.

사람들이 보호하려고 하는 프라이버시 구분하기

다음의 이야기들을 잘 읽고, 물음에 답하세요.

1. 주현이와 종원이는 저녁에 2시간 동안 인터넷 채팅을 했습니다. 다음 날, 학교에 간 주현이는 깜짝 놀랐어요. 어제 종원이랑 채팅하면서 했던 이야기들을 반 아이들이 모두 알고 있었던 거예요. 주현이는 종원이를 바라보면 눈을 흘겼습니다.

1) 이 이야기에서 주현이가 보호하고자 한 프라이버시는 (의사소통, 자신의 생각, 자신이 갖고 있는 것들, 자신의 행동)입니다.

2) 주현이는 프라이버시를 보호하기 위해서 어떻게 해야 할까요?

2. 세호네 반은 오전에 학급 회장 선거를 해서 희윤이를 회장으로 뽑았습니다. 집에 가는 길에 세호 옆으로 은희가 다가왔어요. 은희는 이번 회장 선거에서 한 표 차이로 떨어졌지요. 은희는 세호에게 오전에 누구를 뽑았는지를 물었어요. 세호는 대답하기 싫었습니다. 하지만 은희는 옆에서 떨어지지 않고, 알려 달라고 끈질기게 졸랐습니다.

1) 이 이야기에서 세호가 보호하고자 한 프라이버시는 (의사소통, 자신의 생각, 자신이 갖고 있는 것들, 자신의 행동)입니다.

2) 세호는 프라이버시를 보호하기 위해서 어떻게 해야 할까요?

3. 미정이는 뛸 듯이 기뻤습니다. 꼬박 석 달 동안 용돈을 모아서 자기가 좋아하는 만화책 10권을 샀거든요. 집에 도착한 미정이는 만화책을 거실 탁자 위에 놔둔 다음, 학원에 갈 준비를 했어요. 현관문을 열다 말고 미정이는 멈칫했습니다.
 '혹시 학원에 간 사이에 동생이 만화책을 먼저 보면 어쩌지?'
 미정이는 거실 탁자에 놓여 있던 만화책을 자기 방으로 가져가서 책상 서랍에 넣어 두었습니다.

▷ 이 이야기에서 미정이가 보호하고자 한 프라이버시는 (의사소통, 자신의 생각, 자신이 갖고 있는 것들, 자신의 행동)입니다.

4. 오늘도 정인이는 엄마와 한바탕 다투었습니다.
 "정인아, 엄마한테 이야기 좀 해 주렴. 네가 지금 무슨 생각을 하고 있는 지, 어떠한 느낌이 드는지 말을 해야 엄마가 너를 이해할 수 있잖니?"
 하지만 정인이는 엄마한테 말하기 싫었습니다. 자기의 느낌, 생각을 엄마는 절대 이해하지 못할 거예요. 단지 '네가 잘못 생각하고 있다느니', '오해라느니' 하는 말만 늘어놓을 거예요.

1) 이 이야기에서 정인이가 보호하고자 한 프라이버시는 (의사소통, 자신의 생각, 자신이 갖고 있는 것들, 자신의 행동)입니다.

2) 정인이는 프라이버시를 보호하기 위해서 어떻게 해야 할까요?

이야기에서 확인하기

동물에게도 프라이버시가 있어요!

누군가 24시간 나를 지켜보고 있다면 어떨까요? 심지어 옷을 갈아입거나 용변을 보고 잠을 잘 때도 말입니다. 사람과 똑같을 순 없겠지만, 프라이버시를 보장받지 못할 때 동물들도 스트레스를 받는답니다.

⦿ 동물에게도 프라이버시가 있다!

지난 5월 초, 서울대공원은 로랜드고릴라 우리 내실 창의 반 정도를 검정색 천으로 가렸습니다. 250kg이 넘는 덩치와는 달리, 예민한 로랜드고릴라들에게 사람의 시선을 피해 쉴 수 있는 공간을 마련해 주기 위해서였습니다. 만사가 귀찮고 피곤할 땐 스트레스를 받지 말고 들어가 쉬라는 의미로 만들어 준 공간인데, 고리롱(♂)과 고리나(♀)가 곧잘 이용하곤 합니다.

동물원 동물들은 일거수일투족이 외부에 노출됩니다. 시민들의 입장에선 '관람'이고 사육사의 입장에선 '관찰'일 테지만, 녀석들이 늘 자신을 향하고 있는 시선을 즐길지는 의문입니다.

사실 그들만의 공간을 만든 것은 고리롱의 이상한 행동 때문이에요. 몇 년 전부터 고리롱은 관람객이 들고 온 풍선이나 우산을 보면 무섭게 화를 내며 닥치는 대로 무엇인가를 던지기 시작했습니다. 분비물부터 고구마나 잔디, 돌까지

거칠 것이 없었습니다. 아마 자기가 보고 싶지 않은 것이 나타났는데도 마음대로 행동하지 못하니까 그런 것이겠지요.

⊙ "나만의 공간을 갖고 싶어요!"

다른 유인원류도 자신만의 시간이나 공간에 대한 집착이 강합니다. 능청맞기로 유명한 늙은 오랑우탄 패티(♂)는 귀찮거나 혼자 있고 싶을 때 바닥에 머리를 대고 엎드리거나 두 손으로 제 눈을 가려 버립니다. 옆 우리의 침팬지들도 뭔가 보기 싫은 것이 나타나면, 우리 꼭대기 천장에 스파이더맨처럼 찰싹 달라붙습니다. 우리 안에서 남의 눈에 띄지 않는 공간을 스스로 찾은 셈이죠. 이때 시선은 하늘에 고정되는데, 여기가 이 꼴 저 꼴 안 보는 혼자만의 공간입니다.

참고: 〈로랜드고릴라의 프라이버시〉,《서울신문》, 2007. 07. 12.

♣ 위의 이야기를 잘 읽고, 물음에 답하세요.

1. 이 이야기에서 동물들이 보호받고자 하는 프라이버시는 (의사소통, 자신의 생각, 자신이 갖고 있는 것들, 자신의 행동)입니다.

2. 동물들은 프라이버시를 보호하기 위하여 어떻게 하나요?

3. 위의 이야기를 읽고, 느낀 점은 무엇인가요?

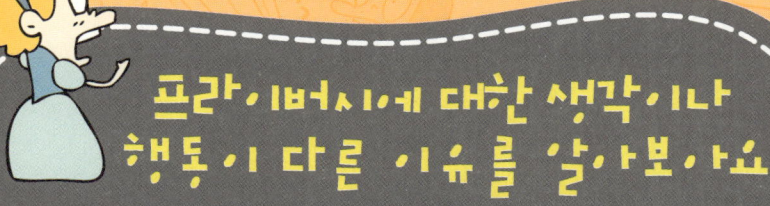

프라이버시에 대한 생각이나 행동이 다른 이유를 알아보아요

사람마다 프라이버시에 대한 생각이나 행동이 다른 경우가 있지요. 그 이유는 무엇일까요? 또 프라이버시에 대한 생각이나 행동은 '문화'와 어떤 관계가 있을까요? 문화에 따라 다른 프라이버시에 대한 생각이나 행동을 어떻게 받아들여야 할까요?

프라이버시를 샅샅이 이해하기 위해서는, 이에 대해 자세히 알아보는 게 좋겠네요. 자, 이제부터 하나씩 차근차근 알아보아요!

제3회 '멋진' 왕자는 신데렐라를 좋아해

손오공과 친구들은 마법의 구름을 타고 붉은 빛줄기를 쫓아갔습니다. 며칠을 쫓아간 끝에 드디어 붉은 빛줄기가 어느 멋진 저택의 대문 밖에서 서성거리고 있는 한 남자를 가리켰습니다. 세 사람은 이내 그곳으로 갔습니다.

"이를 어쩌나? 어떻게 하지?"

그 남자는 계속해서 이 말만 되뇌고 있었어요.

"안녕, 나는 손오공이라고 해. 무슨 고민이 있니?"

손오공이 묻자 그 남자가 대답했습니다.

"안녕, 나는 '멋진' 왕자야. 실은 고민이 하나 있어. 어젯밤에 우리 집에서 열린 무도회에서 신데렐라와 춤을 추었지. 신데렐라를 처음 보는 순간부터 사랑에 빠져 버렸어. 그래서 신데렐라에게 청혼을 하겠다고 마음을 굳게 먹었어."

"그럼, 신데렐라한테 가서 청혼을 하면 되잖아."

팥쥐가 대수롭지 않다는 듯이 말했어요. 그러자 '멋진' 왕자가 한숨을 내쉬었습니다.

"하지만 신데렐라가 어디에 살고 있는지 몰라."

"이 마을 어딘가에 살고 있겠지. 우리가 신데렐라를 찾는 걸 도와줄게."

손오공의 말에 '멋진' 왕자는 금세 얼굴이 밝아졌습니다. 그러곤 집으로 들어가서 황금색 구두를 들고 왔어요.

"고마워. 우리 가문에서는 청혼을 할 때 '프라이버시의 구두' 의식을 거쳐야 해. 청혼을 한 다음 '프라이버시의 구두'를 여자에게 신겼을 때, 이것이 유리 구두로 변하면 결혼을 할 수 있는 거야."

손오공과 친구들 그리고 '프라이버시의 구두'를 두 손에 든 '멋진' 왕자는 신데렐라를 찾으러 길을 나섰습니다.

얼마나 걸었을까, 부부 복덕방이 눈에 들어왔습니다. 네 사람은 길을 물어볼 생각으로 부부 복덕방에 들어갔어요. 안에는 책상이 2개가 있었고 각 책상에서 남편과 아내가 일을 하고 있었습니다. 손오공은 먼저 남편에게 다가갔습니다.

"실례하지만, 뭐 좀 물어봐도 될까요?"

그러자 남편이 얼굴을 찌푸리며 대답했습니다.

"죄송합니다. 지금 제가 다른 일을 하고 있어서요. 괜찮으시면 제가 일을 마무리할 때까지 기다려 주실래요?"

그때 아내가 다가와서 웃으며 말했습니다.

"저한테 물어보세요. 제 남편은 일을 할 때 다른 사람이 방해하는 것을 아주 싫어한답니다. 누가 보고 있으면 일을 제대로 하지 못해요. 혼자 있는 것을 좋아하지요. 하지만 저는 그 반대랍니다. 주위에 많은 사람들이 있는 것을 좋아해요. 저는 많은 사람들과 일에 대한 이야기를 많이 나누다 보면 일의 능률도 올라간다니까요."

손오공이 고개를 끄덕이며 아내에게 물었습니다.

"고맙습니다. 복덕방을 하고 계시니까 이 마을 사람들에 대해서 많이 알고 계실 것 같아서 한 가지 물어보려고요. 혹시 신데렐라가 어디에 사는지 알고 계신가요?"

"아, 우리 마을에서 가장 아름다운 신데렐라를 찾는군요. 그 아이를 1시간 전에 마을 병원에서 봤어요. 아버지가 편찮으셔서 입원 중이시거든요."

네 사람은 고맙다는 인사를 하고, 바로 마을 병원으로 갔습니다.

마을 병원에 도착한 네 사람은 곧장 간호사가 있는 안내 데스크로 갔어요.

"안녕하세요? 혹시 신데렐라가 여기에 왔나요?"

"아, 우리 마을에서 가장 아름다운 신데렐라 말이구나. 신데렐라는 10분 전에 집으로 갔단다."

옆에 있던 '멋진' 왕자가 간호사에게 물었습니다.

"걱정이 되어서 그러는데, 신데렐라의 아버지는 무슨 병 때문에 입원하셨나요? 증상이 심각한가요?"

그러자 간호사가 미안한 표정을 지으며 대답했습니다.

"환자의 병명이나 증상 등에 관련한 것은 가족이 아닌 다른 사람에게는 말해 줄 수 없단다. 우리는 다른 사람에게 환자에 대한 정보를 함부로 이야기할 수 없어. 미안하지만 이해해 줘."

"아니에요. 오히려 제가 간호사 선생님에게 죄송해요."

네 사람은 지나가는 마을 사람들에게 물어서 드디어 신데렐라의 집을 찾았습니다. '멋진' 왕자가 심호흡을 한 다음 초인종을 눌렀습니다.

"안녕하세요? 저는 '멋진저택'에 살고 있는 '멋진' 왕자라고 합니다. 신데렐라 어머니에게 할 말이 있어서 찾아왔습니다. 괜찮으시다면, 댁으로 들어가도 될까요?"

신데렐라의 어머니는 흔쾌히 네 사람을 집 안으로 초대했습니다. 네 사람은 거실 소파에 앉았습니다.

"우리 집 식구는 8명인데 집이 아주 좁아요. 불편하더라도 이해해 주세요."

신데렐라의 어머니가 음료수를 갖다 주며 말했습니다.

"아닙니다. 그런데 좁은 집에서 생활하시다 보면 힘든 점이 많겠네요."

손오공이 대답했습니다.

"집이 작다 보니 아이들이 혼자 있을 공간이 없긴 하지만, 어렸을 때부터 아이들에게 다른 사람의 프라이버시를 존중하는 태도가 중요하다고 가르쳐 왔기 때문에 서로 조심하면서 행복하게 살고 있답니다."

신데렐라의 어머니가 웃으며 말했습니다. 옆에 있던 '멋진' 왕자가 음료수 한 모금을 마시고선 침착하게 이야기를 꺼냈습니다.

"제가 여기에 온 이유는 신데렐라에게 할 말이 있기 때문입니다. 어젯밤 무도회에서 신데렐라를 보고 한눈에 반했습니다. 그래서 신데렐라에게 청혼을 하러 왔습니다."

신데렐라 어머니는 '멋진' 왕자의 갑작스러운 말에 깜짝 놀랐어요. 그리고 얼른 신데렐라를 불렀습니다. '멋진' 왕자는 신데렐라에게 청혼을 했습니다. 신데렐라 또한 '멋진' 왕자를 이전부터 좋아하고 있었어요. 그래서 망설임 없이 환히 웃으며 고개를 끄덕였습니다. 신데렐라가 '멋진' 왕자의 청혼을 받아들인 것이에요.

이제 마지막 관문만 남았습니다. '멋진' 왕자는 조심히 '프라이버시의 구두'를 신데렐라 앞에 놓았습니다. 신데렐라는 심호흡을 하고 나서 구두를 신었어요. 원래부터 구두의 주인이 신데렐라였던 것처럼, 구두는 신데렐라에게 딱 맞았습니다. 하지만 '멋진' 왕자의 얼굴이 어두워졌어요.

"이게 어찌된 일이지? 황금색 '프라이버시의 구두'가 유리 구두로 변해야 하는데 변하지 않았어."

"그럼 결혼을 할 수 없는 거잖아."

방자와 팥쥐가 귓속말로 속삭였습니다. 손오공이 풀이 죽은 '멋진' 왕자와 신데렐라를 바라보며 말했습니다.

"나는 이 '프라이버시의 구두'의 주인은 신데렐라라고 생각해. 유리 구두로 변하지 않은 건 다른 이유 때문일 거야."

"그럼 무엇 때문에 유리 구두로 변하지 않는 걸까? 에이, '프라이버시의 구두'가 사람이라면 이것저것 물어봐서 알아낼 수 있을 텐데."

방자가 머리를 긁적이며 대답했습니다. 이 말을 들은 팥쥐가 손뼉을 치며 말했습니다.

"맞아! '프라이버시의 구두'에게 직접 물어보면 되겠다. 물건에 입을 만들어 주는 마법을 사용하면 돼."

손오공은 머리털을 한 가닥 뽑아서 주문을 외웠습니다.

"무르거느무르거느 이브롯!"

그러자, 신기하게도 '프라이버시의 구두'에 입술이 생겼습니다. 손오공이 '프라이버시의 구두'에게 물었습니다.

"'프라이버시의 구두' 야, 너의 주인이 신데렐라가 아니니?"

"신데렐라 님이 저의 주인이세요."

"그런데 넌 왜 유리 구두로 변하지 않는 거니?"

"신데렐라 주인님에게 '프라이버시의 돌' 이 없기 때문이에요. 주인님이 '프라이버시의 돌' 2개를 두 손에 든 채로 저를 신어야, 제가 유리 구두로 변한답니다."

"'프라이버시의 돌' 은 어디에 있니?"

"'프라이버시의 돌' 은 '나만의 나라' 와 '함께 나라' 에 각각 1개씩 있답니다. 그 나라 사람들에게 물어보면 '프라이버시의 들' 이 어디에 있는지 알려 줄 거예요. 그리고 한 가지 주의할 것은 주인님이 저를 신은 날로부터 35일 전까지 '프라이버시의 돌'을 들고 와야 해요. 그렇지 않으면 저는 유리 구두로 영영 변하지 않는답니다."

"'프라이버시의 구두'야, 고마워."

이제 신데렐라에게 필요한 것은 '프라이버시의 돌' 2개예요. 신데렐라는 그것을 구하기 위해 여행을 떠났습니다. 당연히 손오공과 친구들도 신데렐라를 돕기 위해 같이 갔죠. 4명은 마법의 구름을 타고 먼저 '나만의 나라'로 향했습니다.

과연 신데렐라는 손오공 친구들의 도움을 받아 '프라이버시의 돌' 2개를 얻을 수 있을까요?

〈알쏭달쏭 물음표〉

하나. 부부 복덕방의 남편과 아내가 손오공에게 서로 다르게 행동한 이유는 무엇인가요?

둘. 간호사가 '멋진' 왕자에게 환자의 정보를 알려 주지 않은 이유는 무엇인가요?

셋. 신데렐라의 어머니가 평소에 자녀들에게 강조해서 하는 말은 무엇인가요? 그리고 그 말을 하는 이유는 무엇인가요?

프라이버시
마법 3교시

사람들마다 프라이버시에 대한 생각이나 행동이 다른 이유를 알아보아요

사람들마다 프라이버시에 대한 생각이나 행동은 모두 다릅니다. 그 이유는 무엇일까요?

첫째, 사람마다 살아 온 가정환경이나 주변 환경이 다르기 때문이에요.

신데렐라의 집은 좁아서 혼자 있을 공간이나 시간이 없었기 때문에, 어렸을 때부터 다른 사람의 프라이버시를 존중하는 태도가 중요하다는 가르침을 받아 왔어요. 덕분에 신데렐라의 가족은 서로 조심하면서 행복하게 살고 있죠.

둘째, 직업에 따라 필요한 프라이버시가 있기 때문이에요. 손오공의 친구들과 '멋진' 왕자는 신데렐라를 찾기 위해 신데렐라의 아버지가 입원해 있는 마을 병원에 갔어요. 그곳에서 만난 간호사는 신데렐라 아버지의 병명이나 증상 등에 관련한 정보를 말해 주지 않았답니다. 의료진들은 환자의 가족이 아닌 다른 사람에게 환자에 대한 정보를 함부로 이야기할 수 없기 때문입니다. 변호사의 경우에도, 자신의 고객이 개인적으로 보호하기를 원하는 정보가 있다면, 이를 재판관이나 다른 사람에게 절대 알려 줄 수 없어요. 이처럼 직업에 따라 지켜야 할 프라이버시가 있을 수 있답니다.

셋째, 개인마다 프라이버시에 대한 생각이 다르기 때문이에요. 손오공의 친구들과 '멋진' 왕자가 부부 복덕방에 갔을 때, 남편과 부인의 태도는 서로 달랐지요. 남편은 일을 할 때 다른 사람한테 방해받는 것을 싫어해서, 일하는 중에 손오공이 말을 걸자 불편해합니다. 하지만 부인은 주위에 많은 사람들이 있는 것을 좋아하고, 많은 사람들과 일에 대해 이야기를 나눈다고 했지요. 여러분도 프라이버시에 대해 남들과 다른 생각을 갖는 경우가 있지 않나요? 이처럼 프라이버시에 대한 생각은 개인마다 다를 수 있습니다.

넷째, 지역에 따라 프라이버시에 대한 생각이 다르기 때문이에요. 제주도는 육지와 달리, 옛날부터 먹을 것이 많이 부족한 지역이었어요. 그래서 결혼한 부부는 부모님과 대가족을 이루며 함께 살지 않고, 각자 알아서 사는 게 당연하다고 해요. 예부터 대가족 제도가 당연했던 육지 지역과는 다른 풍습이죠. 부득이하게 부모와 한집에 살더라도 먹을 것을 따로 만들 부엌을 갖추어 살았다고 해요. 이렇게 지역의 차이도 프라이버시에 대한 생각이나 행동에 많은 영향을 끼칩니다.

《이것만 알아둬요!》

사람마다 프라이버시에 대한 생각이나 행동이 다른 이유
- 사람마다 살아 온 환경이 다르기 때문에
- 직업에 따라 필요한 프라이버시가 있기 때문에
- 개인마다 프라이버시에 대한 생각이 다르기 때문에
- 지역에 따라 프라이버시에 대한 생각이 다르기 때문에

한 뼘 더 생각하기

사람들마다 프라이버시에 대한 생각이나 행동이 다른 이유 찾아보기 ①

다음의 이야기들을 잘 읽고, 물음에 답하세요.

1. 현빈이는 어머니가 야속했어요. 단짝 친구 주원이의 담임을 맡고 있는 어머니한테 주원이의 성적을 살짝 알려 달라고 졸랐지만, 소용없었기 때문이에요. 주원이는 자신의 시험 성적을 늘 비밀로 하거든요.
오늘도 시험을 본 현빈이는 어머니께 주원이의 시험 점수를 물어보았습니다. 어머니는 "글쎄, 과연 몇 점일까?"라며 미소 지으시네요.

1) 이 이야기에서 주원이의 어머니가 그렇게 행동한 이유는 (가정환경, 직업, 개인, 지역) 때문입니다.

2) 내가 주원이의 어머니라면, 주원이의 부탁을 어떻게 처리했을지 상상해서 써 보세요.

----

2. 승연이네 가족은 대가족이지만 작은 집에서 함께 살아요. 그래서 승연이는 동생 2명과 한방을 쓸 수밖에 없답니다. 방이 좁다 보니 승연이와 동생들은 방 안에 세 칸 서랍장을 하나밖에 놓지 못했지요. 그래서 서랍을 공동으로 쓰되, 한 칸씩을 각자 쓰고 서로의 서랍을 보거나 만지지 않기로 했어요.

1) 이 이야기에서 승연이의 가족이 그렇게 행동한 이유는 (가정환경, 직업, 개인, 지역) 때문입니다.

2) 가장 가까운 관계인 가족끼리 서로의 프라이버시를 보호하기 위해서는, 가정에서 어떻게 행동해야 할지 써 보세요.

----

3. 서울 쥐는 시골 쥐의 초대를 받아 시골 쥐 집에 놀러갔어요.
   시골 쥐는 항상 마을 사람들과 어울려 지내고 서로 물건도 잘 빌려서 쓴대요. 마을 사람들은 마을 회관에 다 같이 모여 놀기도 하고 밥도 먹지요.
   서울 쥐도 마을 회관에서 다른 쥐들과 인사도 나누고 같이 밥도 먹었죠. 서울 쥐의 스마트 폰을 본 시골 마을 쥐들은 신기해하며 스마트 폰을 만져 보고 사용하기도 했어요.
   '아! 이제는 조용히 쉬고 싶은데…….'
   항상 자기 것과 남의 것을 확실히 구분하고, 개인적인 시간을 많이 보내던 서울 쥐는 금방 피곤해졌어요.

▷ 이 이야기에서 서울 쥐와 시골 쥐가 프라이버시에 대한 생각이나 행동이 서로 다른 이유는 (가정환경, 직업, 개인, 지역) 차이 때문입니다.

4. 준희는 집에 가면 어머니한테 하루 동안 있었던 일을 모두 말씀드려요. 자연스럽게 친구들 이야기, 시험 점수 등 모든 것을 말하죠. 친구인 태완이는 준희 집에 놀러 와서, 준희네 어머니가 자기가 몰래 좋아하는 여자 친구에 대해 알고 계신 걸 알고 기분이 상했어요.

"준희야! 어떻게 넌 어머니한테 비밀이 없냐?"

1) 이 이야기에서 준희와 태완이가 프라이버시에 대한 생각이나 행동이 서로 다른 이유는 (가정환경, 직업, 개인, 지역) 차이 때문입니다.

2) 위와 같이 프라이버시에 대한 생각의 차이를 느꼈던 적이 있다면 써 보세요.

사람들마다 프라이버시에 대한 생각이나 행동이 다른 이유 찾아보기 ②

♣ 다음은 우리나라 옛날 집들의 평면도예요. 지방에 따라 평면도의 모양이 많이 다르지요. 그 이유를 살펴볼까요?

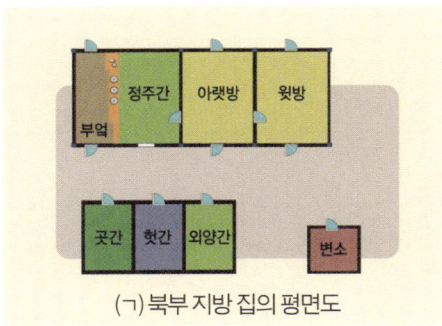

(ㄱ) 북부 지방 집의 평면도

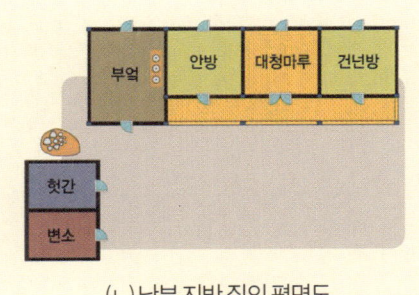

(ㄴ) 남부 지방 집의 평면도

(ㄱ)의 북부 지방 집은 각 방마다 서로 통하는 문이 있어요. 대청마루도 없고, 대신 각 방을 연결하는 내부 문이 있어서, 실내에서 함께 지낼 수 있죠. 어떻게 보면 방이 하나로 연결되어 있다고 볼 수 있을 정도로, 방과 방 사이가 독립되어 있지 않아요.
그 이유는 바로 북부 지방의 추운 날씨 때문이에요. 추위 때문에 밖으로 나가지 않고도 실내에서 이동할 수 있게 집을 만든 거지요.

(ㄴ)의 남부 지방 집은 가족이 모여 함께 생활할 수 있는 대청마루가 방과 방 사이에 있어요. 방들은 대청마루를 사이에 두고 떨어져 있어서 독립적이고, 출입문도 각자 따로 사용

하게 되어 있어요. 가족은 각자 방에서 생활하다가, 식사를 하거나 모임을 열 때 대청마루에서 모일 수 있죠.

남부 지방과 북부 지방의 집 구조가 다른 이유는 두 지방의 날씨가 다르기 때문입니다.

1. (ㄱ)과 (ㄴ)의 평면도 구조가 서로 다른 까닭은 무엇인가요?

   ----

2. (ㄱ)과 (ㄴ)의 평면도 구조는 가족의 프라이버시 보호 면에서 차이가 있어요. 그 차이는 무엇인가요?

♣ 아래의 네모 상자 안에 내가 살고 있는 집의 평면도를 그려 보세요. 그리고 다음의 질문에 답하세요.

1. 우리 집에서 프라이버시가 가장 잘 보호되는 공간은 어디라고 생각하나요? 그 이유도 써 보세요.

   ----

2. 우리 집에서 프라이버시가 가장 보호되지 않은 공간은 어디라고 생각하나요? 그 이유도 써 보세요.

♣ 우리 집의 구조를 잘 살펴보았나요? 이번엔 내가 건축가가 되어, 나의 프라이버시를 보호하기 위한 나만의 집을 멋지게 직접 지어 보기로 해요. 과연 어떤 집이 만들어질까요? 집에 이름도 붙여 보고, 자유롭게 상상해서 그려 보세요.

내가 건축가라면?

제4화 '프라이버시의 돌'을 찾아라!

신데렐라와 손오공 친구들은 떠난 지 열흘 만에 '나만의 나라'에 도착했습니다. 여행에 지친 4명은 먼저 쉴 곳을 찾기로 했습니다. 마침 지나가는 학생 1명에게 물어보았어요.

"얘야, 혹시 주변에 여행객들이 쉴 만한 곳이 있니?"

"우리 집에서 민박을 해요. 저는 히로타라고 하는데 괜찮으시면 저를 따라오세요."

4명은 히로타를 따라갔어요. 히로타는 집에 도착하자 어머니에게 손오공과 친구들 이야기를 해 주었습니다. 그러자 어머니가 환하게 웃으며 말했습니다.

"오랫동안 여행을 하셨나 보군요. 2층에 깨끗한 방 4개가 있습니다. 거기에 가서 쉬세요."

"우리는 방 2개만 있으면 돼요. 나랑 방자가 한방에, 팥쥐와 신데렐라가 나머지 방을 쓰면 되거든요."

손오공이 대답하자, 히로타 어머니가 이해가 안 된다는 표정을 지었어요.

"어떻게 두 사람이 한방을 함께 쓰죠? 그러면 서로가 너무 불편하잖아요. 우리는 개인적인 공간과 개인적인 시간을 아주 소중히 생각해요."

히로타 어머니는 히로타에게 안내를 맡겼습니다. 히로타는 4명을 데리고 2층으로 올라갔습니다.

"여기에요. 각 방별로 1명씩 사용하면 되지요."

방 크기는 작았지만 1명이 사용하기에는 충분했습니다. 방 안에는 침대와

책상 등 간단한 가구들이 정갈하게 놓여 있었습니다. 그리고 방마다 조그만 화장실도 있었어요.

"여기에는 방마다 화장실이 있어. 2층 통틀어서 화장실이 한 군데만 있어도 되는데 말이야."

방자가 신기한 듯 말했습니다. 그러자 히로타가 고개를 갸우뚱거리며 대답했습니다.

"당연히 화장실도 방마다 1개씩 따로 있어야지요. 어떻게 다른 사람과 함께 화장실을 사용해요? 그럼 너무 불편하잖아요."

그러곤 주의 사항 한 가지를 말했습니다.

"여러분이 지켜야 할 것이 한 가지 있어요. 다른 방의 사람들에게 폐를 끼치지 않게, 방 안에서는 꼭 조용히 해 주세요."

저녁이 되었습니다. 손오공과 친구들은 밥을 먹기 위해서 1층으로 내려왔어요. 그때 경찰관 2명이 들어왔습니다.

"안녕하세요, 히로타 어머니? 이 집에 낯선 사람 4명이 들어왔다고 옆집 주민이 알려 주어서 확인차 나왔습니다."

히로타 어머니는 늘 있는 일인 듯, 경찰관들에게 차를 대접하며 손오공과 친구들에 대해서 이야기해 주었습니다.

"히로타, 경찰관 아저씨가 집에 자주 찾아오니?"

"네. 한 달에 한 번은 꼭 들러서 이것저것 묻고 조사해 가요. 그러면 우리가 아는 것들을 전부 이야기해 주죠. 그러다 보니 경찰관 아저씨들은 우리 마을 사람들에 대해서 모르는 게 없어요. 만약 제가 학교에서 집으로 도착할 시간에 오지 않으면 경찰관 아저씨가 우리 어머니에게 알려 주기까지 해요."

"그러면 너희들의 프라이버시를 잃게 되잖아?"

"경찰관 아저씨들의 활동으로 우리가 범죄 없는 평화로운 마을에서 생활할 수 있으니까 괜찮아요."

히로타의 말을 듣자, 손오공과 친구들은 프라이버시에 대한 생각이 저마다 참 다르다는 것을 또 한번 느꼈습니다.

다음 날이 되었습니다. 오랜만에 편안하게 잠을 자고 일어난 손오공과 친구들은 히로타에게 '프라이버시의 돌'에 대해서 물어보았습니다.

"'프라이버시의 돌'은 우리 마을의 높은 산 정상 연못 안에 있어요. 빨간색이라서 다른 돌과 쉽게 구별이 될 거예요. 하지만 연못 물이 아주 뜨거워서 물속에 있는 '프라이버시의 돌'을 그 누구도 꺼내지 못해요."

손오공과 친구들은 마법의 구름을 타고 곧바로 산 정상 연못으로 날아갔습니다. 과연 뜨거운 수증기가 폴폴 피어오르는 투명한 연못 속으로 빨간색 돌 하나가 비쳤습니다.

"손오공, '프라이버시의 돌'이 여기에 있어."

성격 급한 방자가 기쁨이 묻어난 소리를 지르며 소매를 걷고 연못 안으로 손을 집어넣으려고 했습니다. 그러자 팥쥐가 방자를 말리며 말했습니다.

"방자야, 그냥 손을 넣었다가는 화상을 입어. 생각을 하고 행동해야지."

팥쥐는 주위를 둘러보더니 1m 길이의 나무줄기 2개를 가져왔습니다. 그러곤 나무줄기 2개를 연못 안으로 쑥 집어넣었습니다. 그런데 이게 웬일인가요? 나무줄기는 물에 닿자마자 화르르 불이 붙더니 이내 재로 변하고 말았습니다.

"세상에, 나무를 삽시간에 재로 만들 정도로 뜨거운가 봐. 어떡하지?"

신데렐라가 걱정스러운 표정으로 말했어요. 잠시 생각에 잠겼던 손오공이 무릎을 치며 소리쳤습니다.

"좋은 방법이 생각났어. 연못 속으로 걸어가서 '프라이버시의 돌'을 주워 오면 돼."

"그게 좋은 방법이니? 연못 속으로 들어가는 순간, 너는 프라이드치킨 신세가 될 거야."

팥쥐가 한심하다는 듯 빈정거렸습니다. 하지만 손오공은 빙그레 웃으며 머리털 한 가닥을 뽑아서 주문을 외웠습니다.

"모세모세 가르라가르라져랏!"

그러자 이게 웬일인가요! 연못에 물보라가 일더니 물길이 반으로 나누어졌어요. 그러더니 홍해가 둘로 나뉜 것처럼, 그 사이에 길이 생겼습니다.

"자, 이젠 걸어가도 되겠지?"

손오공이 의기양양하게 말했어요. 손오공과 친구들은 연못 물 때문에 뜨겁게 달궈진 '프라이버시의 돌'이 식기를 기다렸습니다. 3시간이 흐른 다음, 신데렐라가 연못 중앙으로 난 길로 걸어가서 빨간색 동그란 '프라이버시의 돌'을 주웠습니다. 드디어 '프라이버시의 돌' 1개를 손에 넣은 것이에요. 히로타 집으로 돌아온 손오공과 친구들은 히로타와 어머니에게 인사를 하고선 마법의 구름을 탔습니다.

다시 열흘이 지나서야 '함께 나라'에 도착했어요. 저번과 마찬가지로 쉴 곳을 먼저 찾기로 했어요. 마침 한 여자아이가 지나가고 있었습니다.

"얘야, 혹시 주변에 여행객들이 쉴 만한 곳이 있니?"

"이 주변에는 여관이나 민박집이 없어요. 괜찮으시면 그냥 우리 집에 와서 쉬세요."

"그러면 너희 가족이 불편하잖아."

"아니에요. 우리는 처음 보는 사람과 친구가 되는 것을 엄청 좋아해요. 그리고 주위에 더 많은 사람들과 더욱더 떠들썩하게 지내는 것을 즐긴답니다. 저는 레나예요. 저를 따라오세요."

손오공과 친구들은 레나를 따라갔습니다. 집에 도착하자 레나는 다른 식구에게 손오공과 친구들을 소개했습니다. 그러자 그들은 손오공 친구들을 처음 만났는데도, 오랫동안 사귀었던 친구를 대하듯이 환호성을 지르며 반겨 주었습니다.

"우리의 새로운 친구들을 환영합니다. 자, 이 집에서 편하게 쉬세요. 짐은 여기 큰 방에 놓으세요. 이 방에서 우리는 함께 지낼 겁니다."

"한방에 다 같이 지낸다고요?"

"그럼요. 방이 엄청 크잖아요. 여기에서 여러분을 포함해 15명이 함께 자고, 함께 이야기를 나누고, 함께 밥을 먹을 거예요."

"혹시 혼자 조용히 있을 공간은 없나요?"

그러자 레나의 어머니가 이해가 안 된다는 표정을 지었습니다.

"혼자만의 공간이 왜 필요하죠? 조용히 있는 것은 너무나 불편해요. 더 많은 사람들과 왁자지껄 재미있게 보내야죠."

신데렐라는 주변의 경치를 구경하고 싶었습니다. 그래서 혼자 몰래 집 밖으로 나갔습니다. 그러자 레나의 오빠 2명이 신데렐라 옆으로 다가왔습니다. 방자는 밥을 먹을 때 옆에서 말을 걸면 싫어합니다. 저녁에 15명이 둘러앉아 밥을 먹을 때였습니다. 옆에 있던 레나와 레나의 언니가 계속해서 말을

걸었습니다. 방자는 어색한 웃음을 지을 수밖에 없었어요.

다음 날이 되었습니다. 밤늦도록 옆에서 재잘대던 사람들이 아침이 되니까 서로 모르는 체하네요. 바로 옆에 사람이 있는데도 못 본 체해요. 팥쥐는 신기해서 레나에게 그 이유를 물었습니다.

"아침에 세수를 하기 전에는 서로의 얼굴을 보지 않고, 서로 못 본 체하고 배려해요. 왜냐하면 누구나 세수를 하지 않은 부스스한 모습을 보여 주기 싫어하잖아요. 그래서 아침에 세수를 하고 깔끔하게 몸단장을 하기 전까지는 서로를 배려해서 봐도 못 본 체, 모르는 체하는 거예요."

아침을 먹은 다음, 손오공과 친구들은 레나에게 '프라이버시의 돌'에 대해서 물었습니다.

"'프라이버시의 돌'은 우리 마을 뒤편 돌산에 묻혀 있어요. 파란색의 네모난 돌이라는데, 전 한 번도 본 적이 없어요. 왜냐하면 어른 머리 크기만 한 10만 개의 돌무더기 아래에 묻혀 있기 때문에, 그 누구도 보지도 못하고 꺼내지도 못하는 것이죠."

손오공과 친구들은 곧장 마을 뒤편 돌산으로 갔습니다. 레나의 말처럼 10만 개의 돌로 쌓은 돌산은 어마어마한 크기였습니다. 그것을 본 신데렐라가 털썩 주저앉으며 울음을 터뜨렸습니다.

"이제 어떡하죠? '프라이버시의 구두'가 분명히 35일 전까지 '프라이버시의 돌'을 가지고 와야 한다고 했는데 벌써 22일이 지났어요. 다시 집으로 가는 데 10일이 걸리니까 우리에겐 3일밖에 남지 않았어요. 어떻게 3일 동안 돌을 치우죠?"

방자와 팥쥐가 의미심장한 표정을 짓더니 손오공을 바라보며 한목소리로 말했습니다.

"신데렐라야, 걱정할 필요 없어. 손오공이 해결해 줄 거야!"

손오공이 내키지 않은 표정을 지었습니다. 하지만 별수 없네요.

"에이, 이러다가 나 대머리 되겠다."

손오공이 얼굴을 찡그리며 두 손으로 무려 머리털 1만 가닥을 뽑으며 주문을 외웠습니다.

"보그사보그사 1만 개롯!"

그러자, 머리털 한 가닥이 손오공으로 변하더니 1만 명의 또 다른 손오공들이 돌산 옆 빈 터를 가득 메웠습니다.

"애들아, 내 말 잘 들어. 옆에 보이는 돌산의 돌들을 옆으로 옮겨 줘. 10만 개의 돌이니까 1명당 10개만 옮기면 돼. 자, 10분 후까지 끝내야 해."

손오공의 말이 끝나기가 무섭게 또 다른 손오공 1만 명이 돌을 옮기기 시작했습니다. 5분도 채 흐르지 않아, 돌산이 감쪽같이 바로 옆으로 옮겨졌어요.

"'프라이버시의 돌'을 찾았어요!"

신데렐라가 원래 돌산이 있던 자리에서 파란색 네모난 돌을 주운 다음, 기쁨에 겨워 소리쳤습니다.

4명은 마법의 구름을 타고 '멋진저택'으로 한달음에 달려왔습니다.

"'멋진' 왕자님, '프라이버시의 돌'을 가져왔어요."

신데렐라가 떨리는 목소리로 말했습니다. '멋진' 왕자는 황금색 '프라이버시의 구두'를 들고 나오더니 신데렐라를 얼싸안으며 말했습니다.

"나는 신데렐라와 손오공 친구들이 '프라이버시의 돌'을 구해 올 줄 알고 있었어요. 여행은 재미있었어요?"

"네, 신기한 나라들을 둘러보고 왔어요. 그리고 깨달은 것도 있답니다. '나만의 나라'와 '함께 나라'의 '프라이버시의 돌'은 하나는 빨간색에 둥글고, 또 다른 하나는 파란색에 네모난 모양으로 서로 달라요. 이처럼 각 나라에서의 프라이버시에 대한 행동이나 생각도 서로 달랐답니다. 문화에 따라 프라이버시에 대한 생각이 다를 수 있다는 것을 알았어요."

'멋진' 왕자는 저번처럼 '프라이버시의 구두'를 신데렐라 앞에 놓았습니다. 신데렐라가 양손에 '프라이버시의 돌'을 든 채로 구두를 신었습니다. 그러자 '프라이버시의 돌'의 푸른색과 붉은색이 합쳐져 황금색 '프라이버시의 구두'를 감싸더니 황금빛깔이 옅어지면서 유리 구두로 변했어요!

그때였습니다. 손오공과 방자, 팥쥐의 목에 걸려 있던 열쇠들이 공중으로 붕 뜨더니 하얀 빛줄기 하나가 신데렐라가 신은 유리 구두를 비추었습니다. 그러자 유리 구두에서 황금빛이 저쪽 하늘 너머로 쏘아졌습니다.

"손오공, '프라이버시의 열쇠'가 있는 곳을 알려 주는 또 다른 단서야!"

방자와 팥쥐가 한목소리로 외쳤습니다.

며칠 후, 손오공과 친구들은 '멋진' 왕자와 신데렐라의 결혼식에 참석하여 진심으로 두 사람의 결혼을 축하해 주었습니다. 그리고 둘의 배웅을 받으며 황금빛을 쫓아갔습니다.

"이제 2개의 단서만 더 찾으면 '프라이버시의 열쇠'를 얻을 수 있어!"

〈알쏭달쏭 물음표〉

하나. '나만의 나라'에서의 프라이버시에 대한 생각과 행동 중에서, 우리와 다른 것은 무엇인가요?

둘. '함께 나라'에서의 프라이버시에 대한 생각과 행동 중에서, 우리와 다른 것은 무엇인가요?

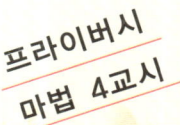
프라이버시
마법 4교시

프라이버시에 대한 사람들의 생각이나 행동에 '문화'가 끼치는 영향은 무엇일까요?

지난 시간에 사람들마다 프라이버시에 대한 생각이나 행동이 다른 네 가지 이유를 배웠죠? 여기에서는 사람들의 프라이버시에 대한 생각이나 행동에 '문화'가 어떻게 영향을 끼치는지 알아보아요.

손오공의 친구들과 신데렐라는 '프라이버시의 돌'을 찾아 떠난 여행에서 '나만의 나라'와 '함께 나라' 두 곳을 방문하게 되죠. 이 두 나라는 서로 다른 문화를 갖고 있어요.

히로타가 사는 '나만의 나라'에는 개인적인 공간과 개인적인 시간을 아주 소중하게 생각하는 문화가 있어요. 손오공 친구들과 신데렐라는 히로타의 민박집을 방문해 방을 2명씩 함께 쓰겠다고 하였죠. 하지만 히로타는 두 사람이 한방을 쓰는 건 불편하다면서 작지만 1명이 사용하는 방을 각각 쓰라고 했어요. 게다가 방마다 조그만 화장실도 있어서, 개인의 프라이버시를 소중히 할 수 있었어요.

반면 '함께 나라'는 '나만의 나라'와는 달랐지요. '함께 나라' 사람들은 처음 보는 사람과 친구가 되는 것을 좋아하고, 많은 사람들과 같이 있는 것도 좋아하는 문화를 가지고 있어요. 히로타의 집처럼 민박집도 아닌데, '함께 나라'의 레나는 손오공과 친구들에게 자기 집에서 같이 지내자고 해요. 무려 15명이 한방에서 함께 자고, 이야기를 나누고, 밥을 먹는 거죠. 이들은 혼자만의 공간은 필요 없다고 생각해요. 신데렐라가 혼자 조용히 구경을 나가려고 해도, 가족들이 따라와 말을 걸죠.

이외에도 두 나라에서는 프라이버시에 대한 행동에도 차이가 있었답니다.

'나만의 나라' 경찰관들은 모든 집에 한 달에 한 번씩 들러서 이것저것 묻고 조사할 수 있어요. 그래서 경찰관 아저씨들은 마을 사람들에 대해 모르는 게 없을 정도예요. 여기서는 개인적인 프라이버시를 소중히 하지만, 필요한 경우에는 이처럼 프라이버시를 양보하기도 해요.

'함께 나라'에서는 언제나 함께 지내는 것을 좋아하지만, 아침이 되어 세수하기 전에는 서로 보고도 말을 걸지 않고 모르는 체해요. 아침에 세수를 하고 깔끔하게 몸단장하기 전이니까, 서로를 배려하기 위해서예요.

이와 같이 세계 여러 문화권에서는 프라이버시에 대한 생각이나 행동에 차이가 있는데, 여기서 중요한 것은 그 차이를 이해하고 존중해야 한다는 것입니다.

한 사회의 문화는 그 사회의 입장에서 이해해야 해요. 그것이 그 문화를 존중하는 태도예요. '나만의 나라'의 프라이버시 태도만 옳다거나 '함께 나라'의 프라이버시 태도만 잘못됐다고 할 수는 없지요. 그 나라의 문화, 역사와 지역적인 특성, 사회적인 환경 때문에 프라이버시에 대한 생각이나 행동이 달라진 것이지 처음부터 옳고 그른 것은 없기 때문이에요.

어때요? '함께 나라'의 문화와 '나만의 나라' 문화는 서로 많이 다르죠? 이런 문화 차이로 인해 '프라이버시'에 대한 생각과 행동도 달라진답니다. 그래서 우리는 세계의 여러 문화권에서 나타나는 '프라이버시'에 대한 생각이나 행동의 차이를 이해하고, 존중해야 해요.

《이것만 알아둬요!》

'문화'와 프라이버시의 관련성
- 세계의 모든 문화권에서 '프라이버시'는 존재한다.
- 세계의 여러 문화권에서 '프라이버시'에 대한 생각이나 행동이 다르게 나타난다.
- 세계의 여러 문화권에서 나타나는 '프라이버시'에 대한 생각이나 행동의 차이를 이해하고, 존중해야 한다.

한 뼘 더 생각하기

'문화'에 따라 프라이버시에 대한 생각이나 행동이 다른 이유 찾아보기

다음의 이야기들을 잘 읽고, 물음에 답하세요.

1. 방글라데시에 간 손오공은 친구 사오정의 가족을 만났어요. 사오정의 부모님은 친구인 손오공을 보자마자 머리와 얼굴을 쓰다듬었어요.
"우리나라에서는 머리를 쓰다듬는 게 너의 건강과 행복을 빈다는 뜻이야."
이 말을 듣고 기분이 좋아진 손오공은 다음 날 친구 저팔계가 사는 말레이시아에 갔어요.
저팔계 가족을 만난 손오공은 저팔계의 어린 동생 우팔계를 보고, 귀여워 머리와 얼굴을 쓰다듬었지요. 그랬더니 가족들의 표정이 안 좋아지네요. 이유를 모르는 손오공에게 저팔계의 부모님이 "우리나라에서는 머리가 신성한 부분이란다. 함부로 만져서는 안 돼"라고 말씀하셨어요.

▷ 방글라데시와 말레이시아 사이에는 어떤 프라이버시 차이가 있나요?

----

2. 어린 시절 한국에 살던 박칼린은 부모님을 따라 미국에서 잠시 살게 되었어요. 학교에서 집으로 가던 길에 친구들을 만난 어린 박칼린은 한국에서처럼 자기가 먹던 과자를 미국인 친구들에게도 나눠 줬어요.
"왜 네 과자를 우리한테 주는 거야? 뭔가 원하는 게 있는 거지?"
미국 친구들의 반응은 한국 친구들과 많이 달랐어요.

▷ 한국과 미국 사이에는 어떤 프라이버시의 차이가 있나요?

_____

_____

3. 멕시코에 간 방자는 인디언 친구 하라를 만났어요. 밥도 먹고 축구도 하고 신나게 놀다가, 방자는 문득 사진을 찍어 추억을 남겨야겠다고 생각했지요. 그런데 방자가 하라의 사진을 찍으려고 하자 하라가 펄쩍 뛰며 놀라네요.
"안 돼! 인디언들은 사진을 찍으면 그 사람의 혼이 사라진다고 믿어."

▷ 한국인과 인디언 사이에는 어떤 프라이버시의 차이가 있나요?

_____

_____

82

4. 스페인에 살며 공부하던 일본인 친구 아오이는 당황했어요. 같은 반 친구끼리 모여 파티를 하기로 한 날, 약속 시간인 8시에 도착한 사람은 아오이 혼자뿐이었거든요. 2~3시간 지나서야 도착한 친구들은 모두 아무렇지도 않다는 표정이네요.
"일본에서는 약속 시간을 지키는 것이 아주 중요한데……."

1) 일본과 스페인에서는 어떤 프라이버시 차이가 있나요?

----

2) 이밖에 문화 차이로 인해, 프라이버시에 대한 생각이나 행동이 다른 경우를 더 찾아보세요.

나도 학교를 다니고 싶어!

안녕! 난 프랑스 파리의 공립학교를 다니고 있는 마스메야. 요즘 난 학교에 안 다니고 가정 통신문으로 공부하고 있단다.

뭐? 학교를 안 가니 신나겠다고? 아니야. 난 학교에 가고 싶어도 못 가고 있는 거란다. 이유는 바로 '히잡 착용' 때문이지.

난 지금 파리의 거리에서 친구들과 시위를 하고 있어. 공립학교에서 히잡을 머리에 쓰는 걸 금지하지 말아 달라고 하는 시위야. 같이 시위를 하는 친구 중에는 히잡을 안 쓴 친구도 있어. 히잡을 쓰고 안 쓰고는 개인의 자유고 프라이버시니까, 히잡을 쓰는 것과 상관없이 우리는 친한 친구란다.

나와 같이 시위대에서 히잡을 쓴 친구들 중에는 이슬람인뿐 아니라 북아프리카에서 온 이민자, 백인 프랑스인도 여러 명 있어. 그 친구들은 대부분 이슬람교로 종교를 바꾼 친구들이지.

〈우리는 언제 강제 수용소로 가는가?〉

우리가 들고 있는 시위 문구야. 앞으로 히잡 착용 금지를 더 엄격한 법으로 만들 경우, 우리가 처할 상황을 예상하고 쓴 말이지. 어떻게 보면 우리에게 히잡을 쓰지 말라고 금지하는 것도 우리를 눈에 보이지 않는 수용소에 가두는 것과 같다고 생각해.

2004년, 프랑스에서는 공립학교에서 히잡을 쓰지 못하게 하는 법을 만들었어. 히잡을 쓰고 등교하는 학생들은 퇴학을 당했지. 이유는 히잡이 종교적인 복장이고, 공공장소나 학교에서 히잡을 쓰는 것이 프랑스 사회의 전통적인 원칙인 종교 중립의 원칙에서 벗어나기 때

무슬림 여성들이 착용하는 베일들.

문이라고 해.

히잡이 뭐기에, 왜 히잡 때문에 학교에 못 다닌다는 걸까?

위의 그림처럼 생긴 천을 두르고 다니는 사람들을 본 적이 있지? 이것이 히잡인데, 히잡은 시리아, 쿠웨이트 등 아랍권의 이슬람 종교를 믿는 지역에서 여성들이 입는 전통 의상 중 하나야. 대부분 머리와 상반신을 가리기 위해 쓰는 스카프 같은 건데, 어떤 것은 머리에서 발목까지 덮어 쓰는 통옷 같은 것도 있지. 그걸 '부르카'라고 부르는데 그 옷을 입으면 머리부터 발끝까지 하나도 안 보이게 돼. 눈 부분은 망사와 같은 천으로 덮여 있어서, 그 망사를 통해 바깥을 볼 수 있지.

올림픽이나 스포츠 경기를 보면 히잡을 쓴 채 출전한 선수들을 간혹 볼 수 있지? 아랍권에서도 태권도가 큰 인기라서, 히잡을 쓰고 그 위에 헬멧을 쓴 태권도 선수들을 흔히 볼 수 있단다.

85

이 히잡은 하나의 종교적인 신념으로, 종교는 프라이버시로 존중받아야 하는 부분이니까, 우리가 히잡을 쓰는 것 역시 존중받아야 한다고 생각하는 사람들이 많아. 하나의 프라이버시인 거지.

그런데 프랑스에서는 2004년에 종교적인 이유로 공립학교에서 히잡 착용을 금지했고 그 법 때문에 퇴학당한 친구들도 있단 말이지. 종교에 따른 복장 때문에 학교를 못 나가게 하는 건 다른 사람의 프라이버시를 침해하는 게 아닐까?

지금부터 이 문제가 왜 일어났고 어떻게 해결하면 좋을지 함께 생각해 보자.

낱말 뜻 알기

- **히잡** : 시리아, 쿠웨이트 등 아랍권의 이슬람 여성들이 머리와 상반신을 가리기 위해 쓰는 것
- **부르카** : 이슬람 여성들의 전통 복식 가운데 하나로, 머리에서 발목까지 덮어 쓰는 통옷 형태
- **다문화주의** : 소수의 여러 다른 문화와 주변의 문화를 인정하고, 수용하자는 입장을 이르는 말
- **관용** : 자기와 다른 종교나 믿음, 생각을 가진 사람의 입장과 권리를 이해하고 받아들이는 것
- **문명** : 인류가 이룩한 물질적, 기술적, 사회 구조적인 발전
- **양성평등** : 남녀 양쪽 성별에 권리, 의무, 자격 등이 차별 없이 고르고 한결같음

히잡 착용을 허용한 스포츠

세계 태권도 연맹(WTF)은 2009년부터 이슬람 여성이 경기 중에 히잡을 착용하는 것을 허용하기로 결정했다. WTF는 '태권도 경기에서 히잡 착용을 허용하는 것은 다른 문화와 종교를 존중하는 것이며 태권도가 올림픽 정신이자 스포츠 정신을 따르는 것이라고 생각한다'고 밝혔다.

원래 2007년 중국 베이징 경기부터 태권도 선수의 히잡 착용은 금지됐다. 캐나다 퀘벡에서 열린 경기에서 이슬람 여자 선수 2명이 히잡 착용을 하려다가 금지된 뒤, WTF가 히잡 착용을 금지했던 것이다.

WTF는 당시 어떤 종교도 인정할 수 없으며, 안전을 이유로 보호구 속에 무엇이든 착용하는 것을 허용하지 않는다고 하였다.

헬멧 안에 히잡을 두른 채 태권도 경기를 하는 아프가니스탄의 카가르 샤피크 선수. ⓒ 연합뉴스

그러나 WTF는 2009년부터 히잡 착용을 다시 허용했다. 그 후 WTF는 베이징올림픽에서 이슬람 여자 선수의 히잡 착용을 허용했고 이란 출신의 여자 태권도 선수 '사라 코시 자말'은 히잡을 착용한 채 준준결승까지 진출했다.

참고: 〈태권도 세계 대회 히잡 착용 허용〉, 《중앙일보》, 2009. 09. 18.

1. WTF는 2007년 경기 중 히잡 착용을 왜 금지했을까요?
2. WTF가 2009년 경기 중 히잡 착용을 다시 허용한 이유는 무엇일까요?

히잡 착용을 금지한 스포츠

　2010년 4월 국제 축구 연맹(FIFA)이 히잡 착용을 금지함에 따라 이란 여자 축구팀이 제1회 유스올림픽에 출전하지 못하게 되었다. 이란 여자 선수들은 히잡을 착용한 채 축구 대회에 참가하기를 원했으나 FIFA가 참가를 금지해, 태국이 대신 출전권을 얻게 되었다.

　축구 경기에서 히잡 착용이 문제가 된 것은 지난 2007년 캐나다에서 11세 이슬람 출신 소녀가 축구 경기에서 히잡을 쓰려고 했으나 안전상의 이유로 금지된 이후 처음이다. 상대 선수가 경기 도중 히잡을 끌어당길 경우, 질식 등 안전 문제가 생길 수 있다는 게 당시 금지 이유였다.

　FIFA의 국제 경기 규정 중에는 '선수의 복장이 정치적, 종교적, 개인적 주장을 담고 있어서는 안 된다'는 조항이 있다. 하지만 이란 올림픽 위원회는 "종교적인 의상에 대해서는 예외를 만들어 달라"며 규정을 바꿔 줄 것을 요구하고 있다.

참고: 〈FIFA "이란 출전 불가"… '히잡 금지' 다시 논란〉,《문화일보》, 2010. 04. 06.

▷ FIFA가 축구 경기에서 이란 선수들의 히잡 착용을 금지한 이유는 무엇일까요?

 히잡 착용을 찬성하는 여성

터키 총리 레제프 타이이프 에르도안의 부인 에미네 에르도안(왼쪽).

2010년 11월 11일, 아시아 최초로 대한민국에서 제5차 G20 정상 회의가 이루어졌습니다. 각국의 정상들과 부인들도 정상 회의에 참석했는데 그중 가장 눈에 띄는 사람은 공식 행사장에 히잡을 쓰고 등장한 터키 총리의 부인 에미네 에르도안 여사였습니다.

에르도안 여사는 터키 역사상 최초로 히잡을 착용해 화제가 된 인물입니다. 터키는 학교 등 공공장소에서 히잡 착용이 금지돼 있으나 독실한 이슬람 신자인 에미네 에르도안 여사는 G20 공식 행사에서도 히잡을 쓰고 입국했습니다.

▷ 에미네 에르도안 여사는 무슨 이유로 공식 행사에 히잡을 착용하고 등장했을까요?

히잡 착용을 반대하는 여성들

쿠웨이트에서는 2009년 역사상 처음으로 선출직 여성 의원이 당선되었다.

쿠웨이트에 의회가 생긴 것은 1963년이지만 여성의 참정권과 피선거권은 2005년에야 얻을 수 있었다. 2006년과 2008년 총선에 모두 54명의 여성 후보가 출마했지만 전부 낙선했고 여성 16명이 출마한 세 번째 도전에서야 드디어 4명의 여성 의원이 탄생한 것이다.

이렇게 쿠웨이트에서는 여성들이 정치권에서 활동하는 것이 매우 어려운 상황이다. 그런데 2008년 10월엔 여성 장관 2명이 의회에서 히잡 착용을 거부했다는 이유로 해임 위기에 몰렸다.

참고: 〈쿠웨이트 첫 여성 의원 4명 탄생〉, 《동아일보》, 2009. 05. 18.

▷ 쿠웨이트는 아랍권의 이슬람 종교를 가진 나라여서, 여성들은 종교적인 이유로 히잡을 쓰지요. 그런데 쿠웨이트의 여성 장관 2명이 의회에서 히잡 착용을 거부했다는 이유로 해임될 위기에 처했다고 해요.

이 여성 장관들이 히잡 착용을 거부한 이유는 무엇일까요?

히잡 착용을 반대하는 법

〈이슬람 복장 규제 현황〉

나라명	복장 규제 내용
벨기에	의회(하원)에서 부르카 착용을 금지하는 법안이 통과됨.
스페인	의회(상원)에서 공공장소에서 부르카 착용 금지를 촉구하는 결의안이 통과됨.
영국	일부 지역의 공립학교에서 히잡, 부르카를 금지하는 법안을 검토 중임. 공공장소에서의 히잡 착용 금지가 원칙임.
터키	2008년 헌법수정 후 금지 규정이 완화됨.
이탈리아, 스위스	지방 정부에서 히잡 착용을 금지하는 조례를 제정함.
독일	일부 지역의 공립학교에서 종교적 표지물(터번, 히잡 등) 착용을 금지하고 있음.
덴마크	공공장소에서의 종교적 표지물(터번, 히잡 등) 착용 금지를 검토 중임.

참고: 〈프랑스 의회, 부르카 착용 금지 법안 통과〉, 《국민일보》, 2010. 07. 14.

유럽의 여러 나라에서는 위의 표에서처럼, 히잡이나 부르카 같은 종교적인 복장을 금지하고 있어요. 프랑스의 모든 공립 중·고등학교에서는 2004년 3월 정교(정치와 종교) 분리에 관한 법에 따라, 히잡을 포함한 모든 종교적 상징물의 착용이 금지되었죠.

이 법은 히잡뿐 아니라 유대교 랍비의 모자, 커다란 기독교 십자가 등 모든 종교 상징물의 착용을 금지하고 있어요. 그 이유는 프랑스에 있는 다양한 민족과 종교를 통합하기 위해서라고 해요.

▷ 유럽의 여러 나라에서, 히잡을 비롯한 종교적 상징물 착용을 공공장소에서 금지하는 이유는 무엇인가요?

각각의 입장에서 생각하기

히잡 착용 금지에 대해 찬성편과 반대편의 의견을 듣고, 물음에 답하세요.

1. 히잡 착용 금지를 찬성하는 '안쓸래' 양

저는 어렸을 때부터 이슬람교를 믿어 왔어요. 하지만 더 이상 히잡을 쓰지 않고 있지요. 제 이슬람인 친구들 중에서는 히잡을 쓰는 친구가 많지만, 안 쓰는 친구도 있답니다.

전 개인적으로 히잡 착용에 반대하고 있어요. 저와 같은 사람들의 의견이 프라이버시로 존중받을 수 있어야 한다고 생각합니다. 앞으로 히잡 착용을 금지해 모든 이슬람 여성들이 히잡으로부터 자유로워졌으면 좋겠습니다.

2. 히잡 착용 금지를 찬성하는 '자유로' 씨

전 학교를 비롯한 공공시설에서 히잡 착용을 금지하는 것에 찬성합니다. 물론 모든 사람들에겐 종교의 자유가 있어요. 하지만 학교와 같은 공공장소에서 히잡을 쓴다면 아직 종교에 대해 자신만의 생각이 없는 아이들에게 영향을 줄 수도 있습니다.

저는 아이들이 스스로 종교를 선택할 수 있을 때까지 학교가 종교적인 중립성을 지켜야 한다고 생각합니다. 누구나 종교를 자유롭게 선택할 자유가 있으니까요.

3. 히잡 착용 금지를 찬성하는 '평등한' 양

히잡이나 부르카는 여성 차별적인 복장이에요. 그래서 저는 히잡 착용을 금지해야 한다고 생각해요.

같은 종교를 가진 남성은 히잡을 안 쓰고 여성만 반드시 착용해야 한다면 남녀 차별이 아닐까요? 착용을 원하지 않는 여성들에게도 히잡을 착용하게 하는 것은 여성을 억압하는 일입니다. 모든 이슬람 여성들이 사회적으로 좀 더 자유롭게 활동하기 위해서는 공공장소에서 히잡을 착용하지 못하게 해야 합니다.

그리고 히잡이나 부르카를 착용했을 때에는 안전에도 문제가 생길 수 있어요. 특히 부르카는 몸 전체뿐 아니라 눈도 망사로 가리기 때문에, 실제로 부르카를 입은 여성들이 교통사고를 많이 당한다고 합니다.

4. 히잡 착용 금지를 반대하는 '난쓸래'양

저는 히잡 착용을 금지하지 말아야 한다고 생각합니다. 전 히잡을 쓰는 것이 좋고 히잡이 저의 종교와 신념을 표현하는 수단이라고 여겨요. 이 선택은 저의 프라이버시이고, 저와 같은 사람들의 프라이버시가 존중받았으면 좋겠습니다.

종교의 교리에 따르기 때문에 히잡을 쓰기도 하지만, 내가 선택한 종교인 만큼, 히잡 착용은 개인이 자율적으로 선택할 수 있습니다. 종교의 자유도 개인의 프라이버시 아닌가요? 히잡 착용 금지가 법으로 정해져서는 안 된다고 생각해요. 그것은 개인의 선택을 존중하지 않은 태도니까요. 또 학교에서 히잡 착용을 허용하고 안 하고는 각 학교별로 자율적으로 결정하고 선택할 문제이므로, 나라에서 일방적으로 정할 수 없는 문제가 아닐까요?

5. 히잡 착용 금지를 반대하는 '존중해'씨

전 이슬람 종교 지도자입니다. 사람들은 우리를 '이맘'이라고 부르지요. 이슬람 종교 지도자로서, 이슬람을 다른 종교들과 마찬가지로 똑같이 존중해 줄 것을 부탁합니다. 이슬람 종교의 전통이자 문화인 히잡 착용을 존중하지 않고 금지하는 것은 이슬람 종교를 차별하고 박해하는 것입니다. 이슬람을 믿는 모든 이들이 자유롭게 자신의 종교를 드러내고 존중받을 수 있게 히잡 착용의 자유를 주십시오.

6. 히잡 착용 금지를 반대하는 '반차별' 씨

　많은 사람들이 히잡 착용 금지가 여성의 인권을 보호하고 종교적인 중립을 지키는 방법이라고 말하지만, 저는 오히려 히잡 착용을 금지하는 것이 이슬람교를 믿는 사람들의 인권을 침해하고 억압하는 것이라고 생각합니다.

　히잡 착용이 여성을 억압하고 차별하는 것이라는 생각은 이슬람이 아닌, 다른 문화권 사람들의 편견일 뿐입니다. 오히려 히잡을 착용하고 싶어 하는 여성들에게 히잡을 쓰지 못하게 하는 것이 인권 침해입니다. 우리는 히잡을 쓰기를 원합니다. 그것을 우리의 프라이버시로 인정해 주시길 바랍니다.

1. 모둠별로 역할을 나누어 각각의 입장에 서서 가상 토론회를 열어 보세요.

2. 프라이버시에 대해 배운 손오공이라면, 이 문제를 어떻게 해결할까요? 여러분이 손오공이라고 생각하고 히잡 착용 금지에 대한 여러분의 의견을 글로 써 보세요.

프라이버시로 인해 생기는 결과에 대하여 알아보아요

우리가 프라이버시를 가지게 됨으로써 생기는 결과는 무엇일까요? 프라이버시가 우리에게 주는 이익에는 무엇이 있을까요? 그리고 프라이버시에 대한 우리가 지불해야 할 대가는 무엇일까요? 프라이버시에 대한 이익과 대가를 평가해, 우리가 프라이버시를 가질지를 정할 수 있도록 하는 방법이 있지 않을까요? 자, 이제부터 프라이버시로 인해 생기는 결과들에 대해 하나하나씩 알아보아요!

제5화 인어 공주에게 프라이버시가 필요해!

손오공과 친구들은 마법의 구름을 타고 황금색 빛줄기를 쫓아갔습니다. 그런데 이번에는 빛줄기가 거대한 바닷속 한가운데를 비추는 게 아니겠어요.

"손오공, 어떡하지? 세 번째 단서는 바닷속에 있나 봐."

방자가 걱정스러운 표정을 지으며 말했습니다. 하지만 직접 바닷속으로 들어가는 것 외에는 뾰족한 수가 없었어요. 셋은 주문을 외워서 물속에서도 숨을 쉬고 말을 할 수 있는 알약을 만들어 꿀꺽 삼켰습니다. 그러곤 빛줄기를 따라 바닷속으로 들어갔습니다.

얼마나 들어갔을까, 햇빛도 들어오지 않는지 점점 주변이 깜깜해지고 해초나 물고기도 보이지 않았습니다. 하지만 이것도 잠시 뿐, 조금 더 들어가자 대낮처럼 밝은 '물속나라'가 눈앞에 펼쳐졌습니다. 황금색 빛줄기는 아주 예쁘게 생긴 여자아이 1명을 가리켰습니다.

세 사람은 얼른 그 여자아이 앞으로 갔어요.

"안녕? 나는 육지에서 온 손오공이라고 해."

그 여자아이는 육지에서 왔다는 소리에 눈을 동그랗게 떴습니다.

"저는 '물속나라'에 살고 있는 인어 공주예요. 정말 육지에서 오셨나요? 우리나라에서는 13살이 되어야만 어둠의 경계 밖으로 나갈 수 있답니다. 어둠의 경계 밖에서 한참 더 올라가야 물 밖을 볼 수 있는데, 물 밖으로 나간 물고기는 이제껏 한 마리도 없어요. 하지만 저는 물 밖 세계가 항상 궁금했어요. 괜찮으시면 저랑 친구 하실래요? 저는 육지 이야기를 많이 듣고 싶어요. 여기 있는 동안 우리 집에서 함께 지내요. 우리 부모님도 허락하실 거예요."

손오공과 친구들은 고개를 끄덕였습니다. 그리고 인어 공주를 따라서 언더더씨 성으로 갔어요. 인어 공주는 '물속나라' 왕인 아버지에게 친구들을 소개했습니다. '물속나라' 왕은 인자한 표정을 지으며 말했습니다.

"'물속나라'에 있는 동안 이 성에서 편안하게 지내세요."

'물속나라' 왕과 인어 공주는 손오공과 친구들에게 육지에 대해서 이것저것 물어봤습니다. 방자는 신이 나서 약간의 허풍을 섞어 가며 재미있게 설명해 주었어요. 한 시간 정도 지났을까, 인어 공주가 '물속나라' 왕에게 투정을 부렸어요.

"아빠, 나도 어둠의 경계 밖으로 나갈 수 있게 해 주세요. 방자 오빠의 이야기를 들으니까 어둠의 경계 밖 아니, 물 밖 세계가 더욱 궁금해요."

"안 된다. 우리나라에서는 13살이 되어야만 어둠의 경계 밖으로 나갈 수 있잖니? 너는 11살밖에 되지 않았기 때문에 안 된다. 어둠의 경계 밖은 아주 무서운 곳이에요. 그곳에는 아주 난폭한 문어 도적 떼가 있어. 가끔씩 문어 도적 떼가 우리 '물속나라'에까지 들어와서 해코지를 하려고 했잖아. 그러니까 너처럼 어린아이가 그곳에 갔다간 큰일을 당할 수 있단다."

"11살이면 다 컸다고요. 11살이나 되었는데도 하고 싶은 것을 마음대로 하지 못하게 하는 게 말이 돼요? 저에게도 프라이버시가 필요하다고요."

하지만 '물속나라' 왕은 단호하게 고개를 가로저었습니다. 그때, 인어 공주가 한 가지 제안을 했어요.

"아빠, 그러면 이렇게 하기로 해요. 아빠는 제가 학교에서 상을 받아 오면 좋아하시잖아요. 선생님이 사흘 뒤까지 미술 작품 한 점을 그려서 가져오라고 하셨어요. 그것으로 교내 미술대회 시상을 하시겠대요. 만약 제가 그린 그림이 대상을 받는다면 어둠의 경계 밖으로 갈 수 있게 해 주세요."

'물속나라' 왕은 고민스러웠습니다. '물속나라' 왕은 인어 공주가 학교에서 상을 받아오는 게 아주 좋았거든요. 그래서 고민 끝에 인어 공주의 제안을 받아들였습니다.

인어 공주는 뛸 듯이 기뻤어요. 손오공과 친구들을 쉴 방으로 안내한 다음, 흥분이 채 가시지 않은 목소리로 말했습니다.

"언니, 오빠들, 여기서 편히 쉬세요. 전 얼른 저만의 비밀의 방에 가서 그림을 그려야겠어요. 제가 그림 그리는 데는 자신이 있거든요."

"비밀의 방?"

"네. 언더더씨 성 맨 꼭대기에 있는 방인데 저만을 위한 공간이죠. 원래는

'아기삼치' 집에서 친구들 5명이랑 함께 모여서 그림 과제를 하려고 했는데 마음이 바뀌었어요. 제가 1등을 해야 하는데, 다른 친구들이 제 그림을 보고 베끼거나 제 아이디어를 훔쳐서 쓰면 안 되잖아요."

인어 공주는 그리기 도구를 챙겨서 한달음에 비밀의 방으로 갔습니다. 문을 걸어 잠그고선 도화지를 펼쳤습니다. 그제야 안심이 되었습니다.

"휴~. 이제 나만의 공간에서 마음껏 그림을 그릴 수 있게 되었어. 다른 친구들이 내 그림을 엿볼까 봐 마음 졸일 필요가 없어졌어."

인어 공주는 그림 아이디어를 생각하려고 손으로 원을 크게 그리며 손뼉을 치기 시작했어요. 그래야만 창의적이고 재미있는 아이디어가 잘 떠오르

거든요. 평소에 다른 사람들이 있을 때에는 손으로 원을 그리지 못하고 조심조심 손뼉을 쳤는데 오늘은 옆에 아무도 없으니 마음껏 손뼉을 쳤습니다. 5분이 흘렀을까, 아주 좋은 아이디어가 떠올랐어요! 자기가 생각해도 정말 좋은 아이디어였어요. 다른 친구들이 자신의 아이디어를 훔쳐볼까 봐 걱정할 필요도 없었습니다. 인어 공주는 자신만만한 표정을 지으며 스케치를 시작했습니다.

"아뿔싸, 또 내가 볼펜으로 스케치를 해 버렸어."

인어 공주가 실수를 해 버렸네요. 교실에서는 인어 공주가 볼펜으로 스케치를 하려고 할 때 단짝인 '아기삼치'가 알려 줘서 실수를 하지 않았는데 말이지요. 하지만 개의치 않고 새 도화지를 꺼내서 연필로 스케치를 다시 하였습니다.

스케치를 끝낸 인어 공주는 색칠을 하기 시작하였습니다. 2시간이 흘렀을까, 혼자서 그리려니 조금 심심하고 외로웠습니다.

"만약 친구들이랑 같이 있었으면 지금쯤 재미있는 이야기를 하면서 신나게 그림을 그리고 있었을 텐데."

인어 공주는 머리를 세차게 흔들고 그림을 그리는 데 집중했어요. 1시간이 또 흐르자 슬슬 배가 고팠습니다. 인어 공주는 이럴 때를 대비해서 비밀의 방에 가스버너와 냄비, 라면을 갖다놓았지요. 원래 언더더씨 성의 꼭대기에서는 불을 피워선 안 돼요. 왜냐하면 성 아랫부분은 튼튼한 돌로 쌓았지만, 꼭대기 부분은 나무로 만들어서 화재가 날 수 있거든요. 어떻게 물속에서 불이 활활 타오르냐고요? '물속나라'의 불은 육지의 불과 완전히 달라요. 물에서도 활활 잘 타오른답니다. 아무튼 성의 꼭대기에 가스버너를 가져와 선 안 되지만 인어 공주가 몰래 가져왔던 것이죠.

"뭐, 어때? 불을 조심히 사용하면 되지."

인어 공주는 냄비에 물을 끓이려고 가스버너에 불을 켰습니다. 그러곤 물이 끓을 때까지 잠시 쉬기로 했어요. 3시간이 넘게 그림을 그리다 보니 피곤해진 인어 공주는 이내 꾸벅꾸벅 잠이 들었습니다. 그러곤 잠결에 다리를 뻗어서 가스버너를 건드리고 말았어요. 가스버너는 뒤집어졌고, 나무 바닥에 불이 옮겨 붙었습니다. 잠에서 깬 인어 공주는 깜짝 놀랐습니다. 빨리 문 쪽으로 달려갔지요. 그런데 아까 문을 잠글 때 뭐가 잘못되었는지 안에서 문이 열리지 않는 거예요. 불길은 더욱 크게 치솟았습니다. 인어 공주는 살려 달라고 소리쳤어요.

저녁 시간이 되자, 손오공과 친구들의 배에서는 꼬르륵 신호가 왔습니다. 특히나 배고픔을 참지 못하는 방자가 코를 킁킁거렸습니다.

"얘들아, 너희들도 배가 고프지? 지금쯤 아래 식당에서 맛있는 음식을 준비하고 있을 거야. 무슨 음식을 준비하는지 냄새를 맡아서 알려 줄게. 내가 강아지보다 더 냄새를 잘 맡잖아."

"그렇지, 넌 10km 떨어진 곳에서 오징어 굽는 냄새도 기가 막히게 알아채는 정도잖아."

팥쥐가 웃으며 말했습니다. 방자는 냄새를 맡으며 이야기했습니다.

"오늘 저녁 요리는 전복죽과 게맛살 튀김, 상어 지느러미 요리, 로브스터 치즈구이와 더불어……."

신나게 음식 이름을 줄줄 말하던 방자가 갑자기 얼굴을 찡그렸습니다.

"어라? 이 냄새는 뭐지? 불에 타는 냄새가 나. 이건 음식을 구울 때 나는 냄새랑은 달라. 나무가 타는 냄새인데……."

방자의 말을 듣자 손오공은 걱정이 조금 되었습니다. 아까 보니 인어 공주가 매우 덤벙대는 것 같았거든요. 손오공은 창문을 열고 밖을 둘러보았습니다. 그때였습니다. 성 꼭대기에서 검은 연기가 피어오르고 있었어요. 불길한 예감이 든 손오공은 얼른 마법의 구름을 타고 연기가 나는 곳으로 날아갔어요. 예상대로 인어 공주가 불이 난 비밀의 방에 갇혀 있었습니다. 손오공은 요술봉으로 벽을 깬 다음, 인어 공주를 구출했습니다. 뒤따라온 방자와 팥쥐는 주문을 외워서 불을 말끔히 끄고, 방을 원상태로 되돌려 놓았습니다.

"인어 공주야. 혼자 있을 때에는 조심해야 할 것이 많아."

손오공이 조용한 목소리로 타이르듯 말했습니다. 인어 공주는 울음을 참으며 고개를 끄덕였습니다. 그리고 다시는 성의 꼭대기에 가스버너를 갖다 놓지 않기로 약속했어요.

덤벙대고 실수투성이인 인어 공주가 걱정된 손오공은 머리털을 뽑아서 주문을 외운 다음, 원숭이 목걸이를 만들어 인어 공주의 목에 걸어 주었습니다.

"인어 공주야, 혹시 다음에도 위급한 일이 생기면 이 목걸이의 원숭이를 꽉 눌러. 그러면 내가 가서 도와줄게."

다음 날 아침이 되었습니다. 인어 공주는 여느 날과 마찬가지로 부모님께 인사를 하고 학교로 출발하였어요. 이제 골목길만 지나면 학교 교문이 보입니다. 그런데 이를 어쩌나요. 갑자기 골목길 한쪽에서 험상궂게 생긴 문어 3마리가 나타났습니다.

"우리는 어둠의 경계 지역을 다스리는 문어 도적 떼다. 네가 이 '물속나라' 왕의 딸, 인어 공주 맞지? 너를 인질로 잡아서 '물속나라' 왕에게 큰 고통을 줘야겠다."

문어 도적 떼의 말에 인어 공주는 사시나무 떨듯 온몸이 부르르 떨렸습니다. 인어 공주가 위험에 처했어요! 인어 공주는 이 위기를 어떻게 벗어날 수 있을까요?

〈알쏭달쏭 물음표〉

하나. 인어 공주는 아빠로부터 어떤 프라이버시를 받기 원했나요?

둘. 인어 공주가 비밀의 방에서 프라이버시를 누릴 때의 좋은 점은 무엇이인가요?

셋. 인어 공주가 비밀의 방에서 프라이버시를 누릴 때 일어났던 사고는 무엇인가요?

프라이버시
마법 5교시

프라이버시로 인한 이익과 대가는 무엇인가요?

프라이버시는 우리에게 어떤 면에서는 도움을 주지만, 어느 정도의 대가를 지불하게 할 수도 있습니다. 우리가 프라이버시를 가짐으로써, 어떤 '이익'을 얻고 또 어떤 '대가'를 치러야 하는지 분류하는 방법을 자세히 알아보겠습니다.

프라이버시로 인한 '이익'은 무엇일까요?

첫째, 프라이버시는 자유를 줍니다.

위의 이야기에서 인어 공주는 손으로 원을 그리고 박수를 치면, 창의적이고 재미있는 아이디어가 떠오른다고 했어요. 평소에 옆에 사람이 있을 땐 조심조심 행동했는데, 옆에 아무도 없으니 원을 크게 그리고 마음껏 손뼉을 쳤잖아요?

여러분도 혼자 있으면 옆에 누가 있을 때보다 훨씬 자유롭게 행동하게 될 겁니다. 이렇게 자신이 하고 싶은 대로 자유롭게 생각하고, 행동할 수 있는 것이 프라이버시의 이익입니다.

둘째, 프라이버시는 새로운 아이디어를 만들거나 보호해 줍니다.

위의 이야기에서 인어 공주는 교내 미술 대회에 낼 그림을 그리기 위해 비밀의 방으로 혼자 갔습니다. 인어 공주가 비밀의 방에서 프라이버시를 가짐으로써, 다른 친구들이 인어 공주가 생각해 낸 좋은 아이디어를 보지 못하기 때문에 그 아이디어는 보호될 수 있었습니다. 이처럼 새로운 아이디어를 만들거나 그 아이디어를 보호해 주는 것이 프라이버시의 이익입니다.

셋째, 프라이버시는 마음의 안정을 줍니다.

위의 이야기에서 인어 공주는 비밀의 방에서 혼자 그림을 그렸기 때문에, 자신의 아이디어를 다른 친구들이 훔쳐볼까 봐 걱정할 필요가 없었습니다. 그래서 편안한 마음으로 마음껏 그림을 그릴 수 있었습니다. 여러분도 자신의 비밀이나 좋은 아이디어가 다른 친구들에게 전해지지 않는다고 확신이 들면 편안함을 느낄 것입니다. 이처럼 마음의 안정이 프라이버시로 인한 이익입니다.

넷째, 사회가 안전해집니다.

위의 이야기에서 인어 공주는 프라이버시로 인하여 자유를 얻고 새로운 아이디어를 보호할 수 있으며, 마음의 안정을 느꼈습니다. 이렇듯 다른 사람들이 나의 프라이버시를 존중하는 사회는 두려움과 무서움이 없는 안정된 사회가 될 것이에요. 이것이 바로 프라이버시로 인한 이익입니다.

마지막으로, 인권이 존중받습니다.

위의 이야기에서 인어 공주는 나이가 어리지만 프라이버시를 보호받으며 많은 자유를 얻고, 안전한 사회에서 살아갈 수 있었습니다. 이렇듯 프라이버시로 인하여 사람들은 자신의 인권을 지키고 존중받을 수 있답니다.

프라이버시로 인한 '대가'는 무엇일까요?

첫째, 프라이버시로 인해 외로움을 느낄 수 있습니다.

위의 이야기에서 인어 공주는 여러 시간 혼자서 그림을 그리자 차츰 심심해졌고 외로움을 느꼈습니다. 만약 여러분의 집에 친척들이 많이 왔을 때, 사람들이 북적이는 게 싫어서 자기 방에 혼자 있으면 처음에는 편안함을 느낄 수 있습니다. 하지만 그 시간이 길어지면 어느 순간 외로움이 느껴질 것입니다. 이처럼 외로움을 느낄 수 있다는 점이 프라이버시로 인한 대가입니다.

둘째, 프라이버시로 인해 법과 규칙을 어기는 등 잘못된 행동을 할 수도 있습니다.

위의 이야기에서 인어 공주는 성의 꼭대기에 가스버너를 가져올 수 없다는 언더더씨 성의 규칙을 어겼습니다. 결국 불 켜진 가스버너가 뒤집어져서 화재가 발생했습니다. 여러분도 부모님이 늦게 들어오실 때, 부모님과의 약속을 어기고 컴퓨터 게임을 하거나 늦게까지 TV를 본 적이 있지 않나요? 이처럼 규칙을 벗어나는 행동을 할 수도 있는 것이 프라이버시로 인한 대가입니다.

셋째, 프라이버시로 인해 자신의 실수를 고치거나 새로운 아이디어를 내는 데 어려워질 수 있습니다.

위의 이야기에서 인어 공주는 볼펜으로 스케치를 하는 실수를 저질렀습니다. 친구인 '아기삼치'가 옆에 있었으면 실수를 고쳐 줬을 텐데 인어 공주는 혼자였기 때문에 또 실수를 했습니다. 여러분도 혼자서 어려운 수학 문제로 고민하고 있을 때, 친구가 도와줘서 쉽게 해결한 적이 있을 것입니다. 이렇듯 자신의 실수를 고치거나 새로운 아이디어를 내는 데 어려움을 느낄 수 있다는 점이 프라이버시로 인한 대가입니다.

《이것만 알아둬요!》

- 프라이버시를 가지면 다양한 결과들이 생기게 된다.
- 프라이버시를 가졌을 때의 결과를 이익과 대가로 구분한다.

- 프라이버시를 가졌을 때의 이익(+)
  · 생각과 행동의 자유를 준다.
  · 새로운 아이디어를 만들거나 보호해 준다.
  · 마음에 안정을 준다.
  · 사회가 안전해진다.
  · 인권이 존중받는다.
  · 기타

- 프라이버시를 가졌을 때 대가(-)
  · 외로움을 느낄 수 있다.
  · 법과 규칙을 어기는 등의 잘못된 행동을 할 수도 있다.
  · 자신의 실수를 고치거나 새로운 아이디어를 내는 데 어려워질 수 있다.
  · 기타

한 뼘 더 생각하기

프라이버시로 인한 이익과 대가 구분하기

다음의 이야기들을 잘 읽고, 물음에 답하세요.

1. 선경이는 혼자 있는 걸 좋아해요. 특히 방에서 자기가 좋아하는 아이돌 그룹의 춤을 추고 놀 때 가장 신나죠. 선경이가 춤을 잘 추는 것은 아니에요. 그래서 친구들에게 춤추는 모습을 보여 주고 싶지는 않아요.
   '친구들이 보지 않으니까 이렇게 내 마음대로 춤도 출 수 있고, 얼마나 좋아! 그런데 계속 이렇게 혼자 놀다 보면, 가끔은 내가 세상에 혼자 있는 것 같은 느낌이 들기도 한 단 말이지.'

1) 선경이가 보호받고자 하는 프라이버시는 무엇인가요?
   ----

2) 선경이가 프라이버시를 가질 때 생기는 이익(+)은 무엇일까요?
   ----

3) 선경이가 프라이버시를 가질 때 생기는 대가(-)는 무엇일까요?
   ----

2. 오늘도 은주는 엄마와 다투었습니다. 은주가 친구들과 놀다가 늦게 들어왔거든요. 지난달에 친구들과 놀다가 늦게 들어온 은주가, 독서실에서 공부하다가 왔다고 거짓말한 것을 엄마가 아셨어요. 그 이후로 엄마는 은주를 믿지 못하셔서 은주의 통화 목록과 문자를 자주 검사하시거든요. 은주는 엄마에게 말씀드렸어요.
"엄마, 저도 프라이버시가 있어요. 앞으로 무슨 일이든 솔직하게 말씀드리겠으니 제발 휴대 전화를 검사하지 말아 주세요."

1) 은주가 보호하고자 하는 프라이버시는 무엇인가요?

   ----

2) 은주가 프라이버시를 가질 때 생기는 이익(+)은 무엇인가요?

   ----

3) 은주가 프라이버시를 가질 때 생기는 대가(-)는 무엇인가요?

   ----

3. 재웅이는 학교가 끝나고 집으로 돌아오며 신바람이 났어요. 재웅이가 기다리던 발명 대회가 다음 주에 열린다고 선생님께서 안내해 주셨거든요. 혼자 참가해도 되고 친구들과 팀을 짜서 참가해도 돼요. 그런데 재웅이는 자신의 발명 아이디어가 정말 멋지다고 생각해요.

'친구들과 함께하면 모여서 떠들고 노느라 시간이 낭비될 거야. 난 혼자 열심히 해서 멋진 발명품을 만들어 꼭 1등을 할 거야!'

재웅이는 결국 혼자 발명 대회에 참가하기로 결심했어요.

1) 재웅이가 보호하고자 하는 프라이버시는 무엇인가요?

------

2) 재웅이가 프라이버시를 가질 때 생기는 이익(+)은 무엇인가요?

------

3) 재웅이가 프라이버시를 가질 때 생기는 대가(-)는 무엇인가요?

이야기에서 확인하기

보여 줄 수 없는 일기장

"박은태, 앞으로 나오너라."

친구들은 나를 힐끔거렸다.

"너 이번에도 일기를 안 썼더구나."

"……."

난 선생님께 아무 말도 할 수 없었다. 일주일째 아빠가 회사에 출근하지 않으셨고, 그 일로 엄마와 아빠가 심하게 싸우셔서 엄마가 많이 울었던 일을 선생님께 알리고 싶지 않았다. 일기를 쓸까 말까 망설였다. 하지만 일기를 쓰다 보면 마음이 조금 편안해지기 때문에 그냥 썼다. 그러나 내고 싶지는 않았다.

"박은태, 왜 대답이 없어? 선생님한테 반항하는 거야? 일기를 안 쓰면 벌로 청소하는 것 알고 있지? 오늘 남아서 청소하고 가도록 해."

"네."

나는 기어들어 가는 목소리로 겨우 대답했다.

수업이 끝나고 청소 당번들과 함께 청소를 하고 있는데, 옆에서 걸레로 창틀을 닦던 승대가 물었다.

"은태야, 너 요즘 왜 일기 안 쓰냐? 계속 이렇게 청소하고 싶어서 그래?"

난 단짝 친구인 승대에게 솔직하게 내 마음을 말했다.

"일기에 도대체 뭘 써야 할까? 일기엔 자기 마음을 솔직하게 쓰는 거잖아. 그런데 가끔은 다른 사람에게 보여 주고 싶지 않은 일기도 있는 거 아니야? 너도 그런 적 있지 않아? 난 일기를 쓰긴 썼어. 하지만 그 일기를 선생님에게 보여 드리고 싶지는 않아. 그래서 벌로 계속 청소를 해야 한다면 그냥 청소를 하면 되지 뭐. 난 괜찮아."

♣ 위의 이야기를 잘 읽고, 물음에 답하세요.

1. 은태가 보호받고자 하는 프라이버시는 무엇인가요?

2. 은태가 프라이버시를 가질 때 생기는 이익(+)은 무엇인가요?

3. 은태가 프라이버시를 가질 때 생기는 대가(-)는 무엇인가요?

4. 여러분이 은태였다면 어떻게 행동하고 싶은가요? 그 이유는 무엇인가요?

제6화 위기에 빠진 인어 공주를 구하라!

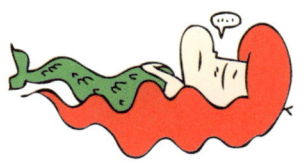

　문어 도적 떼들은 당황해서 어쩔 줄 몰라 하는 인어 공주에게 먹물을 쏘았습니다. 그러자 인어 공주의 눈앞이 깜깜하게 변했어요. 문어 도적 떼가 자기를 어디로 데려가는지 알 수도 없었어요. 얼마나 시간이 흘렀을까, 인어 공주의 몸을 감싸고 있던 먹물이 순식간에 사라졌습니다. 인어 공주 주위에는 험상궂게 생긴 문어들이 감시하고 있었고, 위쪽 제단에 대장 문어가 거만한 표정을 지으며 상어 뼈로 만든 커다란 의자에 앉아 있었습니다.

　"네가 '물속나라' 왕의 딸, 인어 공주구나. 나는 너희 아빠 때문에 '물속나라'에서 쫓겨난 문어 도적 떼의 대장이다. 15년 전에 '물속나라'에서 쫓겨난 이후부터 오늘 같은 날이 오길 기다렸다. '물속나라' 왕만 아니었으면 '물속나라'는 우리 문어 도적 떼의 손에 들어오는 것인데, '물속나라' 왕이 나의 모든 것을 빼앗아 버렸지. 그래서 나도 '물속나라' 왕이 가장 소중히 여기는 인어 공주를 잡은 것이야."

인어 공주는 너무나 무서웠습니다. 떨리는 목소리로 대장 문어에게 물었습니다.

"도대체 저를 어떻게 하려고요?"

그러자 대장 문어가 기분 나쁜 웃음을 지으며 대답했습니다.

"'물속나라' 왕이 가장 아끼는 너를 내가 가질 것이다. 1000년 묵힌 문어 먹물에 고래와 상어의 이빨을 으깬 것을 넣은 다음, 마법을 걸어서 만든 '망각의 알약'을 너한테 먹일 거야. 그렇게 되면 5일 뒤에 너의 아름다운 목소리는 사라지고, 그로부터 10일이 지나면 너의 영혼도 없어져서 너의 몸 껍데

기만 남게 되지. 나는 너의 목소리와 영혼을 빼앗은 다음 영원히 돌려주지 않을 거야. 그런 다음, 너를 다시 '물속나라' 왕에게 보내겠다. 목소리와 영혼을 잃어버린 너를 볼 때마다 '물속나라' 왕은 살이 에는 듯한 고통을 느낄 거야, 흐흐흐."

인어 공주는 듣기만 해도 소름이 돋았습니다. 자기의 목소리와 영혼을 빼앗는다니요. 대장 문어가 명령을 내리자 건장한 문어들이 다가와 인어 공주를 움직이지 못하게 한 다음, 강제로 인어 공주의 입 안에 '망각의 알약'을 넣어 삼키게 했습니다. 인어 공주는 갑자기 온몸에 힘이 빠져 바닥에 털썩 주저앉았습니다.

'정신을 똑바로 차려야 해.'

인어 공주는 온 힘을 쥐어짜서 정신을 차리려고 했지만 서서히 기가 빠지기 시작했습니다.

'맞아, 오공 오빠가 준 원숭이 목걸이. 오공 오빠가 위험할 때 원숭이를 누르라고 했어.'

희미해져만 가는 정신을 젖 먹던 힘까지 짜내며 천천히 오른팔을 가슴 쪽으로 끌어당겼습니다. 겨우 목걸이에 달려 있는 원숭이를 꾹 누르자마자 인어 공주는 완전히 정신을 잃어버렸습니다.

'물속나라' 왕은 안절부절못하였습니다. 인어 공주가 학교에 오지 않았다는 전화를 받았거든요. 곧바로 인어 공주를 찾기 위해 군사들을 풀었습니다.

"인어 공주는 어딘가에 무사히 있을 거예요."

팥쥐가 '물속나라' 왕을 안심시키려고 말했습니다. 그때였습니다. 인어 공주를 찾으러 간 군사 중 1명이 급히 뛰어왔습니다.

"임금님, 학교 앞 골목길에서 인어 공주님이 문어 도적 떼들에게 둘러싸여 있는 것을 본 물고기가 있습니다."

'물속나라' 왕은 그 자리에 털썩 주저앉았습니다. 그때였습니다. 손오공의 요술봉이 흔들리더니 요술봉 끝에서 하얀 빛줄기가 뿜어져 나왔습니다.

"이것은 인어 공주가 구해 달라고 하는 신호예요. 제가 어제 인어 공주에게 원숭이 목걸이를 만들어 주었거든요. 이 하얀 빛줄기를 따라가면 인어 공주가 어디에 붙잡혀 있는지 알 수 있어요."

손오공과 친구들은 곧장 마법의 구름을 타고 빛줄기를 따라갔습니다. 그런데 이게 웬일인가요, 그 빛줄기는 어둠의 경계 지역 앞에서 멈춰 버렸어요. 손오공과 친구들은 할 수 없이 빈손으로 언더더씨 성으로 돌아올 수밖에 없었습니다.

"그것은 아마 어둠의 경계 지역에 있는 문어 먹물 장막 때문에 그럴 게다."

'물속나라' 왕이 천천히 설명해 주었습니다.

"어둠의 경계 지역은 문어 도적 떼가 활보하는 곳이지. 그곳이 어두운 이유는 문어 먹물 장막을 쳤기 때문이야. 문어 먹물 장막 때문에 누구든지 그 안에서는 장님이 되어 버려. 오직 문어들만이 세상을 볼 수 있지."

"그래서 마법의 빛줄기가 문어 먹물 장막 때문에 통하지 않는 것이군요."

"그럼, 이를 어쩌죠? 어둠의 경계 지역에선 아무것도 볼 수 없는데 어떻게 인어 공주를 찾지요?"

팥쥐가 걱정스러운 표정을 말했습니다. 그때 방자가 한숨을 내쉬며 말했습니다.

"문어들은 좋겠다. 문어 먹물 장막 속을 훤히 들여다볼 수 있고 말이야."

이 소리를 들은 손오공이 손뼉을 쳤습니다.

"방자의 말이 맞아. 우리가 문어로 변한다면 어둠의 경계 지역에서도 훤히 볼 수 있을 거야."

곧장 손오공은 머리털을 뽑아서 주문을 외웠습니다.

"벼느시느벼느시느 문어롯!"

그러자 손오공과 친구들은 험상궂은 표정의 문어 세 마리로 변했어요.

"임금님, 저희가 인어 공주를 꼭 구해 올게요."

인어 공주를 찾기 위해 떠나는 손오공과 친구들에게 '물속나라' 왕이 마지막 당부를 하였어요.

"애들아, 제발 우리 딸을 무사히 구출해 주렴. 그리고 조심해야 할 것이 있단다. 문어들의 가장 무서운 무기는 문어 먹물이야. 문어 먹물을 맞으면 온몸을 꼼짝달싹할 수 없게 된단다. 문어 먹물을 조심하렴."

문어로 변한 손오공과 친구들은 어둠의 경계 지역 안으로 들어갔습니다. 분명히 이곳을 처음 통과하였을 때에는 해초와 물고기 하나 보이지 않았는데, 지금 보니 문어들 여럿이 왔다 갔다 하고, 이곳저곳에 집들이 꽉꽉 들어차 있었습니다.

"인어 공주가 있는 곳을 어떻게 찾지?"

방자가 귓속말로 팥쥐에게 물었습니다. 그러자 팥쥐가 지나가던 문어 한 마리를 붙잡았습니다.

"어이, 하나 물어봅시다."

"뭣 때문에 그러시오?"

"'물속나라'의 인어 공주를 잡았다는 이야기가 들리던데 그게 사실이오?"

"허허, 이렇게 좋은 소식을 듣지 못했다니. 아, 글쎄 '물속나라'에 잠복해 있던 문어 세 마리가 인어 공주를 잡아 왔다오. 그래서 여기가 온통 축제 분위기지 않소?"

"그렇다면 인어 공주는 어디에 있는 거요? 얼굴이라도 한번 보고 싶네."

"인어 공주는 대장 문어의 집 창고에 가두어 놔서 함부로 볼 수 없소. 단, 5일 뒤에 인어 공주의 목소리를 빼앗은 기념으로 광장에 인어 공주를 전시한다니 그때 보시구려."

손오공과 친구들은 곧장 대장 문어 집으로 갔습니다. 그곳엔 수많은 문어들이 지키고 있었어요. 손오공과 친구들은 밤이 되길 기다렸습니다. 그러곤 인어 공주가 잡혀 있는 창고 안으로 살금살금 들어가서 쓰러져 있는 인어 공주를 발견했습니다.

"인어 공주야, 빨리 일어나. 우리가 너를 구하러 왔어."

손오공이 귓속말을 하며 인어 공주를 흔들었습니다. 그때였습니다. 갑자기 주위가 환해지더니 횃불을 든 수십 마리의 문어들이 나타났습니다. 그중 가장 덩치가 큰 대장 문어가 큰 소리로 말했습니다.

"너희들은 누구기에 우리가 잡은 인어 공주를 납치하려고 하느냐?"

그때 옆에 있던 문어가 이야기했습니다.

"이곳엔 저렇게 생긴 문어가 없습니다. 필시 저들은 '물속나라'에서 온 첩자입니다."

그러자 대장 문어가 공격하라고 명령을 내렸습니다. 주위에 있던 모든 문어들이 문어 먹물을 쏘려고 했습니다.

"손오공, 문어 먹물을 막아야 해."

팥쥐가 소리쳤습니다. 하지만 이를 어쩌지요. 문어로 변한 손오공과 친구들은 마법에 쓸 머리털이 없었어요. 이때, 손오공이 다급한 목소리로 말했습니다.

"인어 공주의 목에 걸린 원숭이에게 머리털이 있어."

손오공은 재빨리 인어 공주의 목걸이에 달린 원숭이의 머리털을 뽑은 다음 주문을 외웠습니다.

"저라드니뭐라드니 꼬므짝마랏!"

그러자 주위에 있던 문어들이 얼음이 된 듯, 그 자리에 굳어 버렸습니다.

"이게 어떻게 된 거지? 몸이 움직이지 않아."

여기저기서 문어들이 수군거리는 소리가 들렸습니다. 그제야 한시름을 놓은 손오공이 찬찬히 인어 공주를 살펴보았습니다.

"얘들아, 인어 공주가 이상해. 잠이 든 것 같지 않고 무슨 마법에 걸린 것 같아."

"그래, 아까 어떤 문어가 5일 뒤에 인어 공주의 목소리를 빼앗는다는 말을 했잖아."

팥쥐가 맞장구를 쳤어요. 손오공은 대장 문어에게 물었습니다.

"대장 문어, 너 인어 공주에게 무슨 짓을 한 거야?"

"흥, 내가 너희들에게 그것을 가르쳐 줄 것 같으냐?"

그러자 손오공이 빙그레 웃었습니다. 그러더니 인어 공주의 목걸이에 달린 원숭이의 머리털을 뽑으며 주문을 외웠습니다.

"로꾸거로꾸거 라해르맛!"

그러자 대장 문어가 몸속으로 전기가 들어왔는지 몸을 들썩였습니다.

"아, 거꾸로 말하기 마법을 걸었구나."

옆에 있던 팥쥐가 빙그레 웃었습니다. 손오공이 대장 문어에게 다시 물었습니다.

"인어 공주에게 무슨 짓을 한 거지?"

"인어 공주의 목소리와 영혼을 빼앗기 위해서 '망각의 알약'을 먹였다."

"'망각의 알약'? 그것을 해독하는 약도 있겠지?"

"그래, 해독약은 내 오른쪽 호주머니에 있다."

'아이고, 내가 지금 무슨 말을 하고 있는 거지?'

대장 문어는 이상하게 자기가 생각한 것과 반대로 말이 나오자 답답해하며 얼굴이 붉으락푸르락 변했습니다. 이에 아랑곳하지 않고 손오공이 대장 문어에게 다가가서 해독약을 꺼내서 인어 공주의 입에 넣었습니다. 10초가 흘렀을까, 인어 공주가 깨어났어요. 그러곤 주위에 있는 문어들을 보고 무서워했습니다.

"인어 공주야, 나는 손오공이야. 너를 구하기 위해서 문어로 잠깐 변신한 거야."

그제야 인어 공주는 울음을 터뜨리며 손오공을 얼싸 안았습니다. 네 사람은 마법의 구름을 타고 경계의 지역을 빠져나왔습니다.

'물속나라' 왕은 인어 공주가 무사히 돌아오자 눈물을 흘리며 기뻐했습니다. 다음 날 '물속나라' 학교에서는 등하교 길의 안전을 지키기 위한 계획을 발표했어요. 손톱보다 작은 크기의 전자 칩을 모든 학생의 팔 속에 이식

하는 것이었어요.

"이 전자 칩은 학생들이 집을 나선 순간부터 어디로 가고, 무슨 일을 하고 있는지를 우리에게 알려 줍니다. 그리고 위험한 순간이 닥치면 호흡이 가빠지고 맥박이 평소보다 많이 뛰는 것을 감지해서 즉시 경찰서에 알려 주는 역할도 하지요."

"이 전자 칩이 있는 사람만 '물속나라' 학교 건물로 들어올 수 있어요. 나쁜 사람들은 들어올 수 없으니 학교가 안전해질 거예요."

"전자 칩을 몸 안에 넣었기 때문에 잃어버릴 염려 없이 오랫동안 사용할 수 있는 장점도 있네요."

"그렇다면 우리 아이들이 위험한 일을 당하지 않을 수 있게 되니 안심하고 아이를 학교에 보낼 수 있겠어요."

학교 관계자들과 몇몇 학부모들은 이 계획을 적극 지지했습니다. 하지만 몇몇 학생들과 학부모들은 이에 반대를 했어요.

"우리의 자유 시간이 없어지게 돼요."

"내 행동 모두가 감시당하는 거잖아요. 너무해요."

"아이들의 인권을 지나치게 침해하는 계획이 아닐까요?"

'물속나라' 학교에서는 여러 가지 논의 끝에 모두가 합의하는 대책을 마련하여 시행하였습니다. 학생들이 안전하게 학교생활을 할 수 있게 된 것이죠.

이틀 뒤, 인어 공주는 그림 작품을 선생님에게 제출했습니다. 그리고 며칠 후 인어 공주는 상장 하나를 들고 언더더씨 성으로 신나게 뛰어왔습니다.

"아빠, 제가 교내 그림 그리기 대회에서 대상을 받았어요."

"우리 딸이 정말 자랑스럽구나. 약속대로 네가 어둠의 경계 밖으로 가는 것을 허락하마."

하지만 인어 공주는 고개를 가로저으며 말했습니다.

"저는 이번 일로 여러 가지를 깨달았어요. 어떤 프라이버시를 가질 때 이익뿐만이 아니라 대가도 있다는 것을요. 그리고 그것이 인권에 저촉되는지, 법과 규칙에 위배되는 것이 아닌지도 따져 보아야 한다는 것을 깨달았어요. 어둠의 경계 밖으로 자유롭게 갈 수 있는 프라이버시에는 이익도 있지만, 분명히 대가도 있어요. 그리고 우리나라에서는 13살이 되어야만 어둠의 경계 밖으로 나갈 수 있게 하는 법이 있는데, 제가 지금 나가면 이 법을 어기는 것이잖아요. 그래서 저는 13살이 될 때까지 기다리기로 했어요."

손오공과 친구들은 흐뭇한 표정을 지으며 인어 공주를 바라보았습니다.

그때였습니다. 인어 공주의 목에 있던 원숭이 목걸이가 붕 뜨면서 하얀 구름이 피어올랐습니다. 구름이 옅어지자 원숭이 목걸이가 붉은 빛줄기로 변하더니 물 밖 너머로 쏟아졌습니다.

"손오공, '프라이버시의 열쇠'가 있는 곳을 알려 주는 마지막 단서야."

방자와 팥쥐가 한목소리로 외쳤습니다.

다음 날, 손오공과 친구들은 '물속나라' 왕과 인어 공주와 작별인사를 하고 마지막 단서가 있는 곳으로 날아갔습니다. 이제 '프라이버시의 열쇠'를 찾을 날도 얼마 남지 않은 것이에요!

〈알쏭달쏭 물음표〉

하나. 전차 칩으로 인해 생기는 좋은 점은 무엇인가요?

둘. 전자 칩으로 인해 생기는 안 좋은 점은 무엇인가요?

셋. 인어 공주가 교내 그림 그리기 대회에서 대상을 받았는데도 어둠의 경계 밖으로 나가지 않기로 한 이유는 무엇인가요?

프라이버시
마법 6교시

프라이버시로 인한 이익과 대가를 평가할 수 있나요?

프라이버시로 인한 이익과 대가를 평가할 때 필요한 것은 무엇일까요? 우리가 프라이버시를 가질 것인지 말 것인지 결정해야 할 때, 프라이버시를 가짐으로써 받는 이익과 대가를 비교할 수 있는 지도를 사용할 수 있어요. 이 지도는 우리의 결심을 돕고, 더 좋은 생각으로 안내하는 질문 세트랍니다.

여러분은 어떤 결정을 내릴 때, 자유와 인간 존엄성 그리고 법과 규칙 등을 고려해야 한다는 점을 명심하고, 아래 목록들을 검토해 보세요.

1. 프라이버시를 원하는 사람은 누구인지 확인하기

첫 단계는 프라이버시를 가지길 원하는 사람이 누구인지 확인하는 것입니다. 누가 프라이버시를 가지고 싶어 하는지 알아야 그 사람의 입장에서 무엇이 이익이고 대가인지 따질 수 있겠지요.

- 예: "언더더씨 성 맨 꼭대기에 있는 방인데 저만을 위한 공간이죠. 원래는 '아기 삼치' 집에서 친구들 5명이랑 함께 모여서 그림 과제를 하려고 했는데 마음이 바뀌었어요. 제가 1등을 해야 하는데, 다른 친구들이 제 그림을 보고 베끼거나

제 아이디어를 훔쳐서 쓰면 안 되잖아요."

▷ 인어 공주는 자신의 아이디어를 다른 친구들로부터 보호하기 위해 프라이버시를 가지고 싶어 합니다.

그렇다면, 위의 이야기에서 프라이버시를 원하는 사람이 누구인지 살펴볼까요? '물속나라' 학교는 모든 학생들의 팔 속에 전자 칩을 이식하려고 합니다. 그렇게 되면 부모님들은 학생들의 생활을 모두 알 수 있게 됩니다. 그런데 여러분이라면 자신의 모든 생활이 알려지는 게 유쾌한 일은 아닐 것입니다. 전자 칩을 이식하게 되면 학생들은 프라이버시를 가질 수 없습니다. 따라서 이 이야기에서 전자 칩으로부터 자신의 프라이버시를 가지고 싶어 하는 사람은 바로 인어 공주를 포함한 학생들입니다.

2. 그 사람이 보호받기를 원하는 프라이버시는 무엇인지 알아보기

프라이버시를 원하는 사람이 보호받고자 하는 프라이버시는 무엇인지 파악해야 합니다. 그래야 프라이버시를 명확히 이해할 수 있습니다.

- 예: "휴~. 이제 나만의 공간에서 마음껏 그림을 그릴 수 있게 되었어. 다른 친구들이 내 그림을 엿볼까 봐 마음 졸일 필요가 없어졌어."

  인어 공주는 그림 아이디어를 생각하려고 손으로 원을 크게 그리며 손뼉을 치기 시작했어요. 그래야만 창의적이고 재미있는 아이디어가 잘 떠오르거든요. 평소에 다른 사람들이 있을 때에는 손으로 원을 그리지 못하고 조심조심 손뼉을 쳤는데 오늘은 옆에 아무도 없으니 마음껏 손뼉을 쳤습니다."

▷ 인어 공주가 보호받고자 하는 프라이버시는 자신의 생각과 행동입니다.

이 이야기 속에서 학교 관계자들과 몇몇 학부모들은 학생들에게 전자 칩을 이식하는 계획에 찬성했습니다. 그러나 학생들의 입장에서 하루 종일 자신의 모든 행동이 부모님에게 전해진다면 감시당하는 기분이 들 거라고 말했습니다. 자유 시간도 없어지는 거고요. 그래서 학생들이 보호받고자 하는 프라이버시는 바로 학생들의 행동입니다.

3. 프라이버시의 결과를 이익(+)과 대가(−)로 구분해서 점검하기

다음은 프라이버시를 가짐으로써 생기는 이익과 대가를 구분해서 점검해 보아야 합니다. 프라이버시를 가질 때 반드시 이익만 생기는 것은 아닙니다. 상황에 따라 프라이버시를 가짐으로써 치러야 하는 대가도 있습니다.

- 예:
- 인어 공주는 다른 친구들이 자신의 아이디어를 훔쳐볼까 봐 걱정할 필요도 없었습니다.
- "아뿔싸, 또 내가 볼펜으로 스케치를 해 버렸어."

인어 공주가 실수를 해 버렸네요. 교실에서는 인어 공주가 볼펜으로 스케치를 하려고 할 때 단짝인 '아기삼치'가 알려 줘서 실수를 하지 않았는데 말이지요.

- 인어 공주는 혼자서 그리려니 조금 심심하고 외로웠습니다.

  "만약 친구들이랑 같이 있었으면 지금쯤 재미있는 이야기를 하면서 신나게 그림을 그리고 있었을 텐데."

  ▷ 인어 공주가 프라이버시를 가질 때 이익(+)

  - 자유, 아이디어를 보호함

  ▷ 인어 공주가 프라이버시를 가질 때 대가(-)

  - 외로움을 느낌, 자신의 실수를 고치기가 어려움

- 학생들이 전자 칩 이식을 거부했을 때 생기는 이익(+)

 - 자신의 의지대로 행동할 수 있는 자유

 - 자신이 감시당하지 않기 때문에 느껴지는 편안함과 마음의 안정

- 학생들이 전자 칩 이식을 거부했을 때 치르는 대가(-)

 - 부모님과 경찰이 학생들을 보호하지 못하여 문어 도적 떼가 인어 공주를 납치한 것처럼, 범죄가 발생할 수 있으므로 사회가 안전해지지 않을 수 있음

4. 이 상황에서 고려해야 할 것들이 무엇인지 살펴보기

다음은 프라이버시를 가지게 되었을 때 고려해야 할 것들을 점검해 보아야 합니다. 자유와 인간 존엄성, 법과 규칙을 존중하는지 등을 살펴본 후 프라이버시를 보호해야 합니다.

- 예: 원래 언더더씨 성의 꼭대기에서는 불을 피워선 안 돼요. 왜냐하면 성 아랫부분은 튼튼한 돌로 쌓았지만, 꼭대기 부분은 나무로 만들어서 화재가 날 수 있거든요. 가스버너에 불을 켠 채로 잠이 든 인어 공주는 잠결에 다리를 뻗어서 가스버너를 건드리고 말았어요. 가스버너는 뒤집어졌고, 나무 바닥에 불이 옮겨 붙었습니다.

▷ 인어 공주는 언더더씨 성의 꼭대기에서는 불을 피워서는 안 된다는 법과 규칙을 어겼습니다. 그래서 불이 났고 '물속나라' 전체가 위험에 빠지게 됩니다.

▷ '물속나라'에서는 13살이 되어야 어둠의 경계 밖으로 나갈 수 있다는 법과 규칙이 있습니다. 인어 공주는 '물속나라' 법과 규칙을 지켜서, 13살이 될 때까지 기다리기로 했습니다.

위의 이야기에서 프라이버시를 가질 때 고려해야 할 것들에는 무엇이 있을까요? 학생들 몸에 전자 칩을 이식하면 학생들의 인권은 보호될 수 없습니다. 따라서 학생들의 인권을 고려해서 프라이버시를 가질지 여부를 결정해야 합니다.

5. 이 상황에서 프라이버시를 원하는 사람은 이익과 대가, 고려해야 할 것들을 생각해서, 어떻게 행동해야 할지 그 이유와 함께 판단해 보기

마지막으로 위에서 생각한 지도들을 다시 한번 살펴보며 프라이버시를 원하는 사람은 어떻게 행동해야 할지 생각을 정하고 판단해야 합니다.

인어 공주는 내년에도 그림 그리기 대회에 나갈 것입니다. 내년에도 인어 공주는 지금처럼 혼자 비밀의 방에서 그림을 그릴까요? 물론 인어 공주는 혼자 자유롭게 행동하며 좋은 아이디어를 생각해서 멋진 그림을 그리고 싶을 겁니다. 그렇다면 내년에 인어 공주는 또 혼자 비밀의 방에서 그림을 그리겠네요. 하지만 이번에는 가스버너를 가져와서 언더더씨 성을 불에 타게 해서는 안 되겠지요. 인어 공주는 언더더씨 성의 법과 규칙을 지키며, 자신의 아이디어를 보호하는 프라이버시를 가지면 되겠죠.

위의 이야기에서, '물속나라'가 전자 칩 제도를 들이지 않았을 때 이익이 더 크고, 인권이 존중되므로 전자 칩을 학생들의 팔 속에 이식하지 않기로 했다면 어떨까요? 모두가 합의해서 더 좋은 방법을 찾아낼 수도 있을 것입니다. 예를 들어, 학교에 지킴이를 두어 방문객의 신원을 확인하고 이름표를 목에 걸고 학교에 들어갈 수 있게 하는 것입니다. 그리고 등하교 시간에는 경찰들이 학교 주위의 순찰을 강화합니다. 또 학생들에게는 골목길 대신 사람들이 많이 다니는 큰길을 이용하게 하고, 늦게까지 밖에서 놀지 않게 합니다.

프라이버시의 이익과 대가를 평가하는 지도

1. 프라이버시를 원하는 사람은 누구인지 확인합니다.
2. 그 사람이 보호받기를 원하는 프라이버시는 무엇인지 알아봅니다.
3. 프라이버시의 결과를 이익과 대가로 구분해서 점검합니다.
4. 이 상황에서 고려해야 할 것들이 무엇인지 살펴봅니다.
5. 이 상황에서 프라이버시를 원하는 사람은 이익과 대가, 고려해야 할 것들을 생각해서, 어떻게 행동해야 할지 그 이유와 함께 판단해 봅니다.

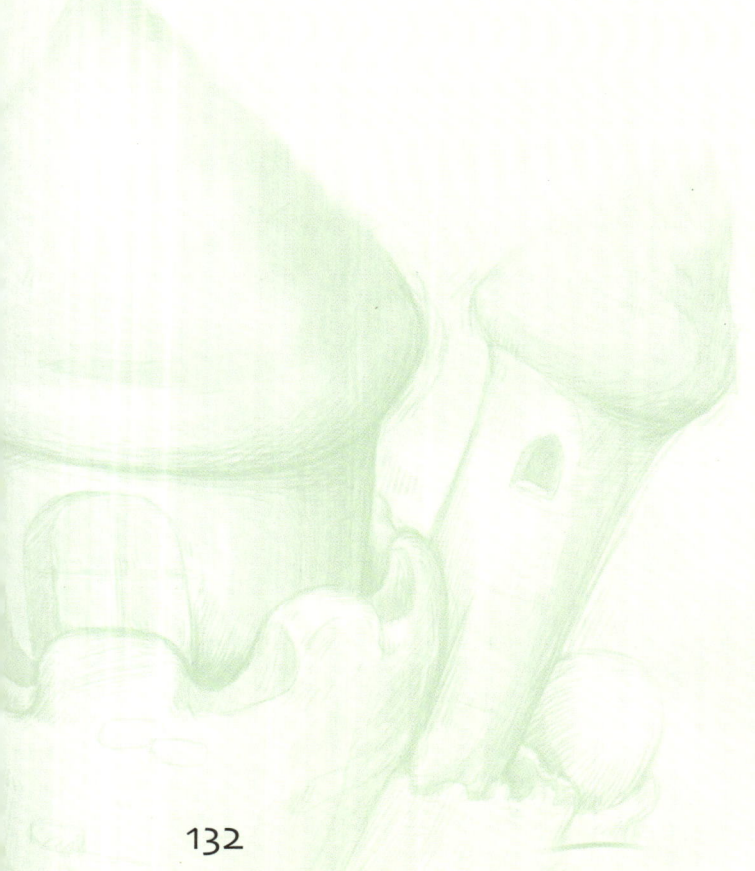

한 뼘 더 생각하기

다음의 이야기를 잘 읽고, 물음에 답하세요.

혼자 연습할래!*

"난 싫어. 나 혼자 연습할 거야."
체육 평가를 위해 철봉 연습을 하자는 지혜의 제안에, 은선이는 싫다고 했습니다.
"왜? 지난번에도 우리 모둠은 서로 도우면서 함께 연습했잖아?"
지혜가 말했습니다.
"싫어. 함께 연습하면 뭐 하니? 잘못하면 놀림당할 게 뻔한데……. 난 친구들하고 같이 연습하지 않을 거야."
"누구나 다 잘할 수는 없다고 생각해. 하지만 자신감을 갖고 해 봐. 선생님께서 이번 시험은 철봉을 잘하는 친구들이 못하는 친구를 도와서 실력이 향상되는 정도에 따라 모둠 점수를 준다고 하셨잖아. 우리가 도와줄게. 우리는 같은 모둠이잖아."
지혜가 용기를 주며 다시 말했습니다.
그러나 은선이는 여전히 자기 고집을 굽히지 않았습니다.
"너희들도 알다시피 난 운동을 못하잖아. 지난번에 내가 운동장에서 연습을 하고 있는데 다른 친구들이 나를 보고 깔깔대며 웃는 것 너도 봤잖아. 난 혼자 연습하는 것이 마음 편해."
그때 지나가던 영훈이가 끼어들었습니다. 영훈이는 우리 반에서 운동을 가장 잘하는 아이입니다. 게다가 공부도 잘하고 잘생겨서 인기가 많습니다.
"혼자 연습하겠다고? 너 지금 장난하냐? 그건 능력 있는 사람한테 해당되는 말이야. 잘난 것도 없이 어떻게 혼자 하겠다는 거야? 그게 노력한다고 되니?"

그 말을 들은 은선이의 눈에는 어느새 눈물이 글썽거리고 있었습니다. 옆에서 듣고 있던 지혜가 말했습니다.

"지난번에 영훈이 네가 은선이를 놀려서 은선이가 혼자 연습한다고 하는 거잖아. 앞으로 영훈이 너는 은선이가 친구들과 함께 연습할 때 조금 못하더라도 놀리지 말아 줘. 그리고 은선아, 내가 도와줄게. 함께 연습하면 혼자 하는 것보다 훨씬 나을 거야. 우리 같이 연습하자."

※ 이 이야기는 초등학교 6학년 도덕 교과서에 나오는 《넌 할 수 있어》를 각색한 것입니다.

♣ 은선이는 앞으로 어떻게 해야 할지 '프라이버시의 이익과 대가를 평가하는 지도'에 따라 작성해 보세요.

1. 이 상황에서 프라이버시를 원하는 사람은 누구인가요?

   ----

2. 그 사람이 보호받기를 원하는 프라이버시는 무엇인가요?

   ----

3. 프라이버시를 가짐으로써 생기는 결과를 이익과 대가로 구분해 보세요.

   이익 --

   대가 --

4. 이 상황에서 고려해야 할 것들이 무엇인가요?

   ----

5. 이 상황에서 프라이버시를 원하는 사람은 이익과 대가, 고려해야 할 것들을 생각하여 어떻게 행동해야 할지, 그 이유와 함께 판단해 보세요.

스스로 해결하기

CCTV로 세상을 본다는 것

저는 초등학교에 설치된 CCTV에요. 저는 1년 365일 하루도 쉬는 날이 없어요. 하루 24시간 동안 잠도 자지 않고 세상을 지켜보지요.

오늘도 크게 한 번 심호흡을 한 후 하루를 시작해 봅니다. 오늘은 또 어떤 일들을 지켜보게 될까요? 물론 아이들이 즐겁게 뛰어 놀고 장난치는 모습을 보는 것은 정말 즐거운 일이죠. 하지만 매일 그런 것만 보게 되지는 않아요. 친구들이 신나게 잘 놀다가, 서로 치고받고 싸우기도 해요. 또 공놀이를 하다가 학교 물건을 망가트리고 도망가는 친구들도 있어요. 모두 제가 지켜보고 있는데 그것도 모르고 신나게 도망가지 뭐예요. 지난달에는 중학생 형들이 학교에 와서 초등학생의 돈을 빼앗는 모습을 보기도 했어요. 제가 잘 지켜보고 녹화해 두어서 그 형들이 누군지 알아낼 수 있었어요. 물론 돈도 되돌려 받았고요. 또 복도에서 뛰거나 시끄럽게 고함을 지르며 가는 아이들도 전 누군지 다 알고 있어요. 선생님이 안 보실 때 친구를 괴롭히는 친구들도 누군지 선생님에게 알려 드릴 수 있고요. 언젠가는 어둑어둑해질 저녁 무렵에 학교 담벼락에 몰래 오줌을 싸고 가는 친구도 있었어요. 그런 걸 지켜볼 때는 좀 민망하기도 해요. 요즘 들어 저와 같은 CCTV가 우리 학교뿐만 아니라 이웃 학교들에도 많이 늘어나고 있답니다.

CCTV와 프라이버시의 관계

위의 이야기를 읽으니 CCTV가 있어 안심이 되지만, 우리의 행동을 지켜본다는 것이 좋지만은 않을 거야. 그렇다면 과연 우리의 안전을 위해서 CCTV를 늘리는 것이 최선의 방법일까? 이제부터 함께 생각해 보자.

우선 CCTV에는 '감시'의 기능이 있지. 그것은 모든 시민들을 '잠재적 범죄자'로 규정하고 있어서 인권 침해적 측면을 지니고 있어. CCTV 설치는 효용성 여부를 떠나, 그 체계 자체가 '범죄자 검거'라는 아직 일어나지 않은 범죄를 막는 목적으로 한다는 거야. 그 예방을 위해서 모든 시민들은 CCTV라는 보이지 않는 쇠창살 속에서 24시간을 보내게 돼. 하지만 자신의 안전을 보장받기 이전에, 자기 스스로가 다른 이에게 위험을 가할 수 있는 범죄자로 취급된다는 걸 생각하며 사는 사람들이 과연 몇 명이나 될까?

한 조사에 따르면, 서울에서 생활하는 평범한 직장인 한 사람이 하루에 CCTV에 노출되는 횟수가 평균 82회라고 하고, 시간으로 따지면 1시간 가까이 된다고 해. 한 사람이 평균적으로 밖에서 보내는 시간이 12시간 안팎이라고 할 때, 단순히 12시간 중 1시간이 아니라 개인의 이동 경로부터 그 시간까지, 말 그대로 일거수일투족이 감시당하고 있다는 거지.

하지만 재소자를 상대로 한 조사를 보면, 응답자의 50% 이상이 CCTV를 보면 범행을 저지르기가 망설여진다고 답변한 바 있어. 이렇듯 CCTV로 인한 범죄 예방 효과를 무시할 순 없어. 갈수록 고화질, 고성능인 CCTV가 나오고 있기 때문에 CCTV가 범인을 검거하는 데 많은 도움을 줄 것이라고 예상하는 사람들도 많아.

이런 가운데 CCTV 설치는 급증하고 있지. 그리고 범죄 억제 효과 등을 내세우는 찬성론과 개인의 프라이버시를 침해한다는 주장을 내세우는 반대론으로 논란을 빚고 있는 상태야. CCTV를 많이 설치하는 것이 꼭 필요한 일일까? 우리 생활의 안전을 위한다는 목적으로 설치된 CCTV는 과연 최선의 방법일까? 우리 좀 더 생각해 보자.

낱말 뜻 알기

- **CCTV(closed-circuit television) :** '폐쇄 회로 텔레비전'을 뜻함. 우리 생활 속에서 '무인 감시 카메라' 또는 'CCTV'라는 이름으로, 주변에서 아주 쉽게 접할 수 있는 첨단기기
- **방범용 CCTV :** 범죄가 생기지 않도록 미리 막기 위해 설치한 CCTV

방범용 CCTV 연도별 전국 설치 현황

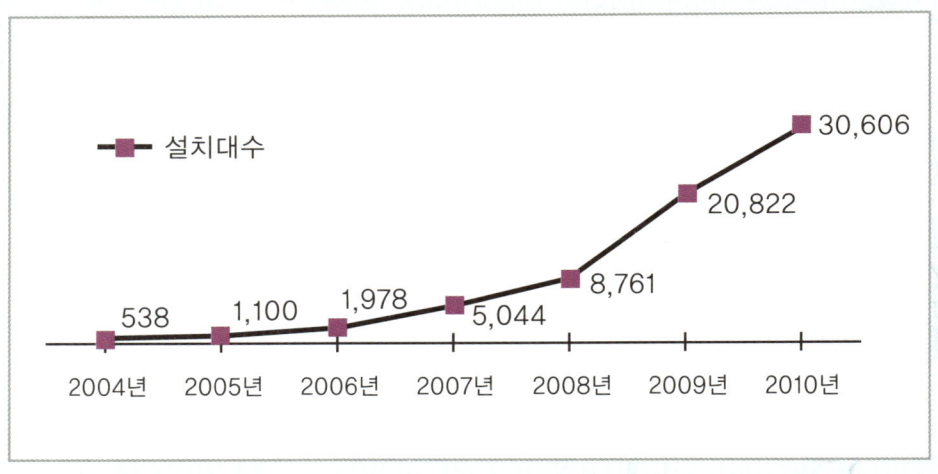

자료: 경찰청

1. 방범용 CCTV 설치가 가장 많이 증가한 해는 몇 년도와 몇 년도 사이인가요?
2. 갈수록 CCTV 설치가 늘어나는 이유는 무엇일까요?

한국의 CCTV 현황 - CCTV가 당신을 감시하고 있다

2010년 6월 18일 오전 9시 45분, 대학생 A씨는 경기도 구리 교문동 자택을 나와 서울 구의동, 명동, 잠실동 쇼핑몰을 방문하고 오후 11시 20분 귀가했습니다. A씨는 약 14시간 동안 민간 CCTV에 112차례 노출됐습니다.

6월 19일 대학생 B씨는 실습을 위해 서울 가산역에서 지하철을 타고 대방역과 송정역을 방문한 뒤 귀가하는 동안 CCTV에 59차례 찍혔습니다.

시민들은 일상생활을 하면서 개인이 설치한 CCTV에 하루 평균 83.1차례 노출된 것으로 조사됐습니다. 사우나, 찜질방 등 목욕 시설은 10곳 중 7곳 꼴로 CCTV가 설치돼 있습니다.

충남 천안에 사는 대학생 C씨는 버스와 지하철을 환승해 학교에 가는 동안 CCTV에 62차례 찍혔습니다. 직장인 D씨는 서울 지하철 2호선 낙성대역에서 집까지 3분간 511m를 걷는 동안 20차례 촬영됐습니다. 시간으로 따지면 9초에 한 번꼴입니다.

참고: 〈CCTV가 당신을 감시하고 있다… 하루 83차례 CCTV 노출〉, 《국민일보》, 2010. 12. 14.

1. 시민들은 일상생활을 하면서 CCTV에 하루 평균 몇 차례 노출되나요?
2. 직장인 D씨는 몇 초에 한 번꼴로 CCTV에 찍히나요?

영국과 미국의 CCTV 현황

영국에서는 테러가 극심하던 1980년대부터 CCTV를 도심에 집중적으로 설치했습니다. 런던 시내에만 15만 대가 설치되어 시민들은 평균 5분에 한 번씩, 하루 300번 정도 무인 카메라에 노출되고 있습니다.

영국의 한 일간지는 지난 2007년부터 4년간 CCTV 설치 및 운용에 쓰인 예산이 3억 1,483만 파운드(약 3,616억 원)이라고 보도했습니다.

이는 전 세계 8개 독립국가 1년 예산을 합친 것보다 많은 액수입니다.

미국은 현재도 범죄 예방을 위해 CCTV 설치를 늘리고 있습니다. 미국 언론은 2003년 4월 미국에서만 약 1,100만 대의 CCTV가 설치되어 있다고 보도했습니다. 이렇듯 CCTV 설치의 확대는 전 세계적인 현상입니다.

참고: 〈영국, 4년간 CCTV 설치에 3,600억 원 쏟아 부어〉, 《아시아투데이》, 2010. 12. 28.

1. 영국에서 CCTV가 집중적으로 설치된 때는 언제인가요?
2. 영국에서 2007년부터 4년간 CCTV 설치 및 운용에 쓰인 예산은 얼마인가요?
3. 미국에서 CCTV 설치가 늘어난 이유는 무엇인가요?

국내외 CCTV 관련 규제 비교

	영국	캐나다	호주	한국(구로구)
근거 법령	있음			
설치 장소 및 제한 지역	꼭 필요한 지역에 설치	샤워실, 화장실, 탈의실 등 개인의 프라이버시를 침해하는 곳에 설치 금지	범죄가 많은 지역, 은행, 버스 정류장 등 지역의 공공시설, 노약자 위험 지역에 설치	경찰청과 구청의 협의와 공청회를 거쳐 설치 지역 선정
설치 알림	알림 표지판 설치			
절차 사항	없음	설치 전에 지역 사회 주민의 의견을 수렴 및 협의		
제재 조치	위반 시 시정 명령, 시정 명령을 따르지 않으면 법원에 제소	프라이버시법 위반의 경우, 연방 법원에 소송 제기	프라이버시법 위반에 해당할 경우, 지방 의회에서 자체 내부 조사 실시 후 법원에서 심사	프라이버시 침해 요소가 있으면 행정 소송 제기 가능
관리	CCTV 운영자 연 1회 정기 평가를 실시하고 결과를 게시	・독립 기구에 의해 정기 평가 받음 ・감시 장치를 계속 둘지에 대해서도 정기적으로 검토	지방 의회가 정기적인 감사 실시	・구로구청 : 분기별 1회 ・경찰서 : 분기별 1회 각각 실시

1. CCTV를 설치하는 절차 사항이 한국과 비슷한 나라는 어느 나라인가요?

2. 4개 나라 중에서 CCTV와 관련하여 시민들의 프라이버시를 가장 존중하는 나라는 어디라고 생각하나요? 그렇게 생각한 이유는 무엇인가요?

3. 4개 나라 중에서 CCTV와 관련하여 시민들의 프라이버시를 가장 존중하지 않는 나라는 어디라고 생각하나요? 그렇게 생각한 이유는 무엇인가요?

〈CCTV 찬성 의견〉

집 앞에 주차된 내 차를 안전하게 지키고 싶으십니까?

우리 집 앞의 쓰레기 무단 투기를 멈추게 하고 싶으십니까?

사람이 드문 골목길을 안전하게 걷고 싶으십니까?

그렇다면 '몽땅찍어 CCTV' 로 바꾸세요!

'몽땅찍어 CCTV'의 장점

(ㄱ)
24시간 가동 가능! 적은 비용으로 사람이 볼 수 없는 부분까지 볼 수 있습니다.

(ㄴ)
HD급 초고화질, 영상 400배 확대 가능! 범인 검거에 탁월한 효과가 있습니다.

(ㄷ)
범죄가 줄어들 것이라는 기대심리 충족! CCTV가 설치된 주변의 지역 주민들은 심리적인 안정을 얻을 수 있습니다.

(ㄹ)
범인들 심리적 압박 가능! 범인들은 범죄 실행 시 CCTV가 있으면 심리적으로 심한 압박을 받아 범행을 망설입니다.

이벤트!

1주일간 무료 체험하시고 선물도 받으세요!

설치비 무료! 무상 A/S 10년!

참고: http://media.daum.net/society/nation/jeju/view.html?cateid=100010&newsid=20110105140348454&p=nocut

1. 위의 빈칸에 들어갈 알맞은 말을 골라, 선으로 이어 보세요.

   ㄱ ●　　　　　　　● 범인 검거에 탁월한 효과!

   ㄴ ●　　　　　　　● 범인은 우물쭈물!

   ㄷ ●　　　　　　　● 적은 비용, 최대 효과!

   ㄹ ●　　　　　　　● 안심 짱!

2. 이 외에, CCTV로 인한 좋은 점에는 무엇이 있을까요?

 〈CCTV 반대 의견〉

CCTV의 역기능 개선책 마련돼야

CCTV 설치로 인해 프라이버시의 침해가 심각합니다. 직장 내 탈의실이나 샤워실, 택시 안에서 CCTV는 무차별적으로 우리를 촬영하고 있습니다. 범죄 예방 차원이라고 넘어갈 수준이 아닙니다. 국가 인권 위원회에 따르면 샤워실이나 탈의실, 화장실, 수면실 등 알몸이 노출될 수 있는 곳에 CCTV를 설치한 공중목욕탕은 조사 대상 가운데 30%나 됐습니다. 인권은 천부적으로 보호되어야 할 신성불가침의 영역입니다. 따라서 개인의 인권 보호와 프라이버시 보호를 위해 CCTV 설치는 하지 말아야 합니다.

CCTV는 범죄 풍선 효과를 불러옵니다. CCTV가 설치된 곳은 범죄가 줄어드는 대신 CCTV가 설치되지 않은 주변으로 범죄가 옮아가는 '범죄 풍선 효과'가 발생할 수 있습니다. 결국 예산이 많은 곳에는 범죄 예방의 효과가 높겠지만 예산이 넉넉하지 않은 시·군에서는 범죄가 증가하는 형태로 나타날 수 있지요.

또한 CCTV는 세금 낭비(비용 대비 비효율성)를 불러옵니다. CCTV 설치를 전국에 하게 되면, 설치의 필요성이 없는 곳에도 설치하게 됨으로써 그에 따른 설치 비용이 천문학적으로 올라갑니다. 이는 비용의 비효율성으로 나타나 국민의 세금 부담으로 이어지게 됩니다. 한 시민 단체에서는 "CCTV로 인한 대국민 감시가 심해지고 있다"고 지적하면서 "교육, 의료 등에 사용돼야 할 돈이 범죄 예방 또는 해결에 별다른 기여를 하지 못하고 있는 CCTV에 낭비되고 있다"고 주장했습니다.

1. CCTV 설치로 인한 문제점 세 가지는 무엇인가요?
2. CCTV 설치로 인한 다른 문제점에는 무엇이 있을까요?

각각의 입장에서 생각하기

학교 폭력을 예방한다는 목적으로 CCTV 설치가 늘어나고 있습니다. 이러한 학교 CCTV 설치에 대한 여러 사람들의 생각과 입장을 알아봅시다.

1. 찬성하는 입장의 초등학생 '찬성해' 군

저는 작년에 학교를 마치고 집으로 가는 길에 고학년 형들에게 돈을 빼앗긴 적이 있어요. 그런데 올해부터 학교 주변에 CCTV가 설치되어서 정말 안심이 돼요. 지금은 정말 마음 편하게 학교에 다니고 있어요. 만약 자신이 어떤 피해를 입었을 때 CCTV로 그 사건을 해결할 수 있다면, 저는 프라이버시가 어느 정도 침해되는 것은 받아들여야 한다고 생각해요. 그래서 저는 CCTV 설치에 적극 찬성하고요, 다른 학교에서도 많이 설치했으면 좋겠어요.

2. 반대하는 입장의 초등학생 '반대해' 양

하루 종일 나를 CCTV가 지켜보고 있다고 생각해 보세요. 누군가가 나를 감시하고 있다는 생각이 들어 자유롭게 행동하기가 어려워져요. 그래서인지 CCTV가 있는 곳에서는 얌전해지지만 CCTV가 없는 곳에서는 예전보다 더 심하게 장난을 치게 되는 것 같아요. 중학교, 고등학교에서도 계속 CCTV의 감시 속에서 생활하게 된다면, 우리의 프라이버시는 전혀 보호되지 못하는 거잖아요. 또한 우리 스스로 판단하여 행동하는 것이 아니라 누군가의 감시가 있어야만 바른 행동을 하게 될 것 같아요.

3. 찬성하는 입장의 학부모 '나걱정' 씨

요즘 유괴, 학교 폭력 등 학교에서 일어나는 끔찍한 사건들을 뉴스에서 보게 되면, 학교에 아이들을 보내는 것이 정말 불안합니다. 그런데 학교에 CCTV를 설치한다면 아이들을 학교에 보내는 학부모들의 걱정은 확실히 줄어들 것입니다. CCTV를 설치했으면 하는 장소는 학교 내 교사 뒤, 체육관이나 강당 주변, 학교 공원 등 교내 사각 지대 및 안전사고·학교 폭력·교통사고 등이 우려되는 초등학교 주변 취약 지역입니다. 이렇게 아이들이 주로 생활하는 곳에 CCTV를 설치한다면 아이들을 안전하게 학교에 보낼 수 있기 때문에, 저는 CCTV 설치에 찬성합니다.

4. 반대하는 입장의 학부모 '노감시'씨

우리 정부에서는 '국가 인권 위원회'를 만들어 국민의 인권 보호에 힘쓰고 있습니다. 그만큼 인간의 기본권인 프라이버시가 중요해졌다는 얘기입니다. 그러므로 학생들의 프라이버시를 심각하게 침해할 위험이 있는 CCTV의 설치에 반대합니다. 어릴 때부터 CCTV에 익숙해지면 감시당하는 존재로 살아가게 됩니다. 그러한 아이들은 위축감을 느끼고, 성인이 되어 감시가 없어도 말이나 행동이 위축될 수 있습니다. 또한 CCTV는 감시 통제의 주요 수단이 될 수 있기 때문에, 안전사고의 근본적인 해결책이 아니라 임시방편입니다. CCTV의 감시가 아닌, 프라이버시를 존중하는 방향의 장기적인 해결책을 마련해야 합니다.

5. 찬성하는 입장의 경찰 '안전한'씨

저는 교내 CCTV 설치에 찬성합니다. 몇 년 사이 초·중·고교에서의 학교 폭력 발생 건수가 급증하고 있습니다. 신체 폭행뿐만 아니라 금품 갈취, 집단 따돌림 등 학교 폭력은 심각한 수준입니다. 2009년도 상반기, 논현1동에 CCTV 5대를 시범적으로 운용한 결과, 전년과 같은 기간과 비교해 강력 범죄가 37% 줄어들었습니다. 이러한 수치를 볼 때 초등학교 주변 CCTV 설치는 학교 폭력, 교통사고, 유괴 등 학교 주변의 이러한 각종 유해 환경으로부터 학생들을 지켜 주어 안심하고 학교에 다닐 수 있게 해 준다고 확신합니다.

6. 인권을 존중하는 시민 단체 이사 '나인권' 씨

학교 안의 외진 장소 등에 CCTV를 설치하는 것은 이해할 수 있지만, 복도나 도서관 등에 설치하는 것은 교사나 학생들의 프라이버시를 침해할 수 있습니다. 과연 CCTV를 설치한다고 학교 폭력 발생률이 줄어들까요? 분명 CCTV를 설치하지 않은 지역에 범죄가 증가될 가능성이 큽니다. 프라이버시를 보호하면서 학교 폭력을 해결할 수 있는 보다 근본적인 대책을 마련해야 합니다. 무엇보다 교육의 장인 학교 내에 감시와 규제를 상징하는 대표적 장비인 CCTV가 설치되어서는 안 된다고 생각합니다.

♣ '프라이버시의 이익과 대가를 평가하는 지도'를 이용해 각각의 사람들 입장에서 이 문제를 생각해 보세요.

♣ 프라이버시에 대해 배운 손오공이라면 이 문제를 어떻게 해결할까요? 자신이 손오공이라고 생각하고 CCTV에 대한 의견을 이야기해 보세요.

〈이렇게 지도하세요〉

'교내 CCTV 설치'에 대해 모든 사람이 동의하는 하나의 답은 없습니다. 아이들이 한 주제의 모든 측면을 생각할 수 있는 '균형적 접근'을 할 수 있게 도와주세요. 다양한 입장들을 고려하면서 '지도'를 이용해 자신의 의견을 합리적으로 이끌어 낼 수 있게 안내하세요.

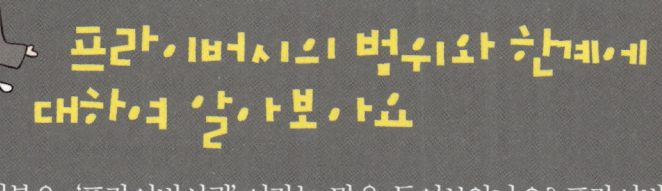

프라이버시의 범위와 한계에 대하여 알아보아요

여러분은 '프라이버시권' 이라는 말을 들어보았나요? 프라이버시는 존중되어야 하고 보호받아야 하는 것이지만, 항상 나의 프라이버시만 고집할 수는 없어요.

이제 프라이버시권과 프라이버시의 범위, 프라이버시의 한계에 대해 살펴보아요. 그리고 실생활에서 우리에게 프라이버시 문제가 발생했을 때 어떻게 해결해야 할지 공부해 보아요!

제7화 신기한 '프라이버시의 나라'

손오공과 친구들은 물 밖으로 나와 마법의 구름을 타고 흰 빛줄기를 쫓아갔습니다. 며칠이 지나고 칠흑 같이 어두운 밤이었습니다. 흰 빛줄기는 깊은 산속 숲길을 걷고 있는 아이들을 비추었습니다. 다이아몬드가 박힌 파란 모자를 쓴 남자아이와 여자아이가 길을 헤매는 것 같았습니다.

"안녕? 나는 손오공이라고 해. 너희들, 한밤중에 여기서 뭐 하고 있니?"

"으앙! 저는 틸틸이고 얘는 동생 미틸이에요. 무엇을 찾으러 왔다가 길을 잃어버렸어요. 집으로 돌아가고 싶은데 아무리 걸어가도 무성한 나무들만 보여요."

손오공과 친구들은 틸틸과 미틸의 집 위치를 물어본 다음, 마법의 구름을 타고 집 앞까지 데려다 주었습니다.

"틸틸과 미틸, 너희는 어디를 가려고 하다가 길을 잃은 거니?"

"옆집 할머니가 '프라이버시의 새'를 찾아 달라고 부탁하셨어요. 제가 쓰고 있는 파란 모자도 할머니가 주신 것인데 '프라이버시의 새'를 찾는 데 도움이 된대요. 아무튼 산속에 들어가면 '프라이버시의 새'를 찾을 수 있을 거라고 생각했는데 그게 잘못이었어요."

손오공과 친구들은 '프라이버시의 새'를 찾는다는 말에 호기심이 생겼습니다. 손오공과 친구들은 함께 '프라이버시의 새'를 찾아보기로 했어요.

"손오공, '프라이버시의 새'를 찾으면 '프라이버시의 열쇠'를 찾는 데 도움이 될 것 같아."

"맞아, 손오공. 특히 할머니가 주셨다는 파란 모자에 그것을 찾는 힌트가 있을 거야."

방자와 팥쥐가 맞장구를 쳤습니다. 셋은 틸틸이 쓰고 있던 파란 모자를 살펴보았습니다. 하지만 어떤 힌트도 찾을 수 없습니다. 그러자 손오공이 머리털을 한 가닥 뽑아서 주문을 외웠어요.

"무어스냐머스냐 마르해랏!"

그러자 허공에 파란 모자 사용법을 알려 주는 글이 쭉 펼쳐졌어요.

이 파란 모자를 이용하여 '프라이버시의 새'를 찾을 수 있습니다.
파란 모자의 다이아몬드를 시계 반대 방향으로 한 바퀴 돌리세요. 그러면 '프라이버시의 유리구슬'을 받을 수 있습니다.

파란 모자의 다이아몬드를 시계 방향으로 한 바퀴 돌리세요. 그러면 '프라이버시의 나라'로 순간 이동을 할 수 있습니다. '프라이버시의 나라'와 그 옆에 있는 '프라이버시꽝의 나라'에서 각각 즐거운 웃음 한 숟가락과 기쁨의 눈물 한 큰 술을 얻으세요. 그것을 '프라이버시의 유리구슬'에 넣으세요. 그러면 '프라이버시의 새'를 만날 수 있습니다.

"즐거운 웃음 한 숟가락과 기쁨의 눈물 한 큰 술이 무슨 말일까?"

"일단, '프라이버시의 유리구슬'을 들고, '프라이버시의 나라'로 가 보자. 웃음과 눈물이 무엇인지는 그곳에 가면 차차 알 수 있을 거야."

손오공은 파란 모자의 다이아몬드를 반시계 방향으로 돌렸습니다. 그러자 파란 모자에서 또 다른 다이아몬드가 나오더니 점차 커지면서 축구공만 한 유리구슬로 변했어요. 틸틸은 조심스럽게 '프라이버시의 유리구슬'을 품에 안았습니다.

"자, 모두들 준비 됐지? '프라이버시의 나라'로 가 보는 거야."

손오공은 심호흡을 한 다음, 파란 모자의 다이아몬드를 시계 방향으로 돌렸습니다. 다섯 사람은 이내 회오리바람을 일으키며 하늘로 올라갔어요.

여기는 '프라이버시의 나라'예요. 햇살이 따사롭게 비치는 마을 이곳저곳은 살랑거리는 옅은 바람만큼 포근하고 따뜻했습니다. 지나가는 사람들은 무척 자유로워 보였고, 얼굴에는 웃음이 떠나지 않았어요. 이유가 궁금해진 미틸이 지나가는 사람에게 물어보았습니다.

"아저씨, 이 나라 사람들은 왜 이렇게 자유롭고 즐거워 보이는 거죠?"

"우리나라에 처음 온 아이들인가 보구나. 우리나라 사람들은 개인의 프라이버시를 소중히 여기고 있어. 그래서 더 많은 자유를 누리며 행복하게 살고 있지. 더불어서 내 프라이버시가 소중한 만큼 다른 사람들의 프라이버시를 소중히 여기기 때문에, 다른 사람들과 서로 존중하면서 더 사이좋게 지내게 되니 우리의 얼굴에 웃음과 행복이 끊이지 않는 거란다."

이때였습니다. 마을 전체에 사이렌 소리가 울렸습니다. 그러자 길을 지나가던 사람들이 모두 길거리 이곳저곳에 있는 지하도로 들어갔습니다. 다섯 사람도 아저씨를 따라 지하도로 내려갔습니다.

"저 사이렌 소리는 무엇이죠?"

"우리나라 옆에 '프라이버시꽝의 나라'가 있는데, 우리나라와 사이가 좋지 않아. 우리는 평화적으로 대하려고 하는데 '프라이버시꽝의 나라'는 걸핏하면 우리나라에 폭탄을 쏜단다. 그래서 폭탄이 떨어졌을 때 사람들이 크게 다치지 않고 피신할 수 있게 이번처럼 대피 훈련을 하는 것이지."

"아하, 그래서 사이렌이 울리니까 모든 사람들이 지하도로 들어간 것이군요. 그런데 이상해요. 여기는 '프라이버시의 나라'인데 저 사이렌 소리 때문에 사람들이 자유롭게 행동할 수 없게 되잖아요. 그것은 옳지 않은 일 아닌가요?"

그러자 아저씨가 옅은 웃음을 지으며 자세히 설명했어요.

"프라이버시는 절대적이거나 무한한 권리가 아니란다. 이런 훈련을 하지 않으면, 실제로 폭탄이 떨어졌을 때 사람들은 우왕좌왕하게 되고 차들은 빵빵거리면서 도로가 막혀 버릴 거야. 그러면 폭탄으로 인해 불이 나거나 사람이 다쳤을 때 소방차나 구급차가 지나갈 수 없겠지. 그렇다면 더 많은 피해가 일어날 거야. 이처럼 사회의 안정이나 더 큰 권리들을 지키기 위해서 프라이

버시가 제한될 수 있는 것이지. 아, 그렇지만 아무 때나 프라이버시가 침해받아서는 안 돼. 정말 필요할 때만 프라이버시가 약간 제한될 수 있는 거야."

손오공을 비롯한 다섯 사람은 '프라이버시의 나라'에 흥미를 느꼈어요. 그래서 아이들이 다니는 초등학교를 찾아갔어요. 교문 앞에는 '우리의 프라이버시권은 소중해요'라는 현수막이 걸려 있었습니다. 운동장에는 많은 아이들이 즐겁게 뛰어놀고 있었어요. 미틸이 한 꼬마에게 물어봤어요.

"안녕, 나는 미틸이라고 해. 너희들 정말 행복해 보이는구나."

"응, 우리는 정말 즐겁고 자유로워. 어른들도 항상 우리의 프라이버시를 존중하시거든."

"이 나라에서는 초등학생도 프라이버시권이 존중받는구나."

이때, 교내 안내 방송이 들렸습니다.

"저는 이 학교 교장 선생님입니다. 운동장의 '여기까지' 펜스에서 놀고 있는 어린이는 이쪽 건물 안으로 들어오세요. 위험해요."

미틸이 무슨 일인지 꼬마에게 물었습니다.

"우리 학교는 다 좋은데, 딱 한 가지 안 좋은 점이 있어요. 저기 보이는 '여기까지' 펜스 바깥쪽은 깊은 절벽이에요. 그리고 절벽 안쪽에서 회오리바람이 불어오는데 만약 우리가 '여기까지' 펜스 바깥쪽에 있으면 그 바람에 휩쓸려서 절벽 아래로 떨어지는 사고가 발생해요. 그래서 교장 선생님께서 방송을 하시는 거예요."

바로 그때 이전보다 아주 강력한 회오리바람이 절벽 쪽에서 몰아쳤습니다. '여기까지' 펜스 가까이에 있는 아이는 그만 그 회오리바람에 휩쓸려 버렸어요. 큰일이에요!

"저것을 막아야 해."

방자는 마법의 구름을 타고 아이 쪽으로 날아갔습니다. 절벽 아래로 떨어지려는 아이를 간신히 붙잡았습니다. 하지만 회오리바람 때문에 방자도 함께 절벽 쪽으로 떨어질 것 같았어요. 그러자 힘이 좋은 방자는 심호흡을 하더니 회오리바람 쪽으로 입김을 '후' 불었습니다. 방자의 힘은 대단했어요. 방자의 입에서 나온 바람이 그 회오리바람을 삼켜 버렸거든요.

"얘들아, 우리가 이 문제를 해결하자."

손오공은 운동장 주변의 나무에서 나뭇가지 여러 개를 부러뜨렸습니다.

"미안해, 나무야. 이곳 아이들을 도와주려고 하는 거야."

그러더니 절벽 쪽으로 나뭇가지를 던지면서 주문을 외웠습니다.

"크아져라크아져라 바방!"

이게 웬일입니까? 나뭇가지들이 점점 커지는 것이 아니겠어요. 그러다가 까마득한 절벽 아래쪽에 뿌리가 박히더니 수십 미터를 올라와, 키가 100m가 넘고 서른 명의 어른들이 두 팔로 잡아야 할 만큼 두꺼운 아름드리나무 수십 그루가 되어 절벽을 가득 메웠습니다.

"자, 이제 절벽을 아름드리나무들이 다 막아 주었으니까 아이들이 저 절벽 아래로 떨어지지도, 회오리바람이 불어오지도 않을 거야."

그러자 교실에 있던 수많은 아이들이 운동장으로 몰려왔습니다. 그러더니 아까보다 더욱 신나게 운동장을 방방 뛰어다녔어요.

"손오공, 정말 고마워!"

아이들의 웃음소리가 하늘을 찌를 듯했어요. 그때였습니다. 틸틸이 들고 있던 '프라이버시의 유리구슬'이 저절로 허공에 붕 떴습니다. 그러곤 하늘에서 메아리치는 웃음소리들이 뭉치더니 주먹만 한 하얀 구름 모양으로 변했어요. 이내 주먹만 한 웃음소리는 하늘을 빙 돌아 '프라이버시의 유리구슬' 품 안으로 쏙 안겼습니다.

"얘들아, 아이들의 웃음소리가 파란 모자 설명서에 나온 즐거운 웃음 한 숟가락이야. 이제 '프라이버시꽝의 나라'로 가서 기쁨의 눈물 한 큰 술을 얻으면 돼."

팥쥐가 기쁨에 겨운 목소리로 외쳤습니다. 손오공이 운동장에 있던 꼬마에게 물었습니다.

"얘야, 여기에서 '프라이버시꽝의 나라'로 가는 방법을 알려 줄래?"

"거기를 가려면 '코끼리와 비둘기' 공항으로 가면 돼요."

손오공과 친구들은 꼬마가 알려 준 '코끼리와 비둘기' 공항으로 갔습니다.

"'코끼리와 비둘기' 공항에 오신 여러분을 환영합니다. 비둘기를 타시기 전에 먼저 검색대를 통과해 주세요. 비둘기는 민감한 동물이에요. 특히 쇠붙이에는 말이지요. 여러분이 쇠붙이를 몸에 지닌 채 탑승하시면 하늘을 나는 도중 비둘기가 놀라서 다른 승객들의 안전과 생명을 위협하는 상황이 닥칠 수 있답니다."

손오공과 친구들은 공항 도우미의 안내에 따라 검색대 앞으로 갔습니다.

"자, 여기에 3개의 검색대가 있습니다. 이 중에서 원하는 검색대를 통과하시면 됩니다.

첫째 검색대는 여러분이 입은 옷을 모두 벗고 통과를 하는 곳입니다. 부끄러워하실 필요 없어요. 검색대를 지키는 2명의 보안 요원만 볼 테니까요.

둘째 검색대는 닭과 돼지의 오줌을 섞어서 만든 물에 온몸을 적시면서 통과하는 것입니다. 신비의 그 물이 몸에 있는 쇠붙이를 나무로 만들어 줄 거예요. 냄새 걱정은 하지 마세요. 꽃잎을 몇 장 띄웠으니까요.

셋째 검색대는 통과할 때 쇠붙이가 있으면 '삐' 경고음이 나오는 곳입니다. 만약 '삐' 소리가 나면 몸에 있는 쇠붙이를 빼고 다시 통과하시면 됩니다."

팥쥐는 얼굴을 찡그리며 말했습니다.

"다른 사람들에게 피해를 줄 순 없으니 검색대는 통과해야겠네. 하지만 첫째와 둘째 검색대로는 절대로 안 갈 거야!"

손오공과 친구들 모두 같은 생각이었어요. 모두들 셋째 검색대를 통과해서 안으로 들어갔습니다. 그러자 눈앞에 산만 한 크기의 비둘기가 보였어요. 그 옆에는 코끼리들이 사람들을 코에 태워 비둘기 위로 옮겨 주고 있었습니다. 손오공과 친구들은 비둘기 위에 올라가 자리를 잡았습니다.

"여러분, 비행 중 추울 수 있으니 주위의 깃털로 온몸을 감싸세요."

손오공과 친구들은 흥분되는 마음을 진정시켰습니다. '프라이버시의 새'를 찾을 때가 다가오고 있어요!

〈알쏭달쏭 물음표〉

하나. '프라이버시의 나라' 사람들은 왜 자유롭고 즐겁게 생활을 할 수 있나요?

둘. '프라이버시의 나라' 사람들이 사이렌 소리를 듣자, 지하도로 간 이유는 무엇인가요?

셋. '프라이버시의 나라' 초등학교의 교문에 걸린 현수막에는 어떤 글이 쓰여 있나요?

넷. 그 학교의 교장 선생님이 안내 방송을 한 이유는 무엇인가요?

다섯. 손오공과 친구들이 '코끼리와 비둘기' 공항에서 첫째와 둘째 검색대를 놔두고, 셋째 검색대를 통과한 이유는 무엇일까요?

프라이버시 마법 7교시

프라이버시의 범위와 한계에 대해 알아보아요

자신의 프라이버시가 다른 사람들로 인하여 방해받거나 침해받지 않을 권리를 '프라이버시권'이라고 합니다.

이러한 프라이버시권은 우리가 더 많은 자유를 누릴 수 있게 하고, 다른 사람들을 존중하면서 더 사이좋게 지낼 수 있게 하기 때문에 중요하답니다. 위의 이야기에서 '프라이버시의 나라' 사람들은 개인의 프라이버시를 소중히 여기고 다른 사람들의 프라이버시를 존중하며 서로의 프라이버시권을 지켜 주지요. 그래서 '프라이버시의 나라' 사람들은 더 많은 자유를 누리며 행복하게 살 수 있는 거랍니다.

하지만 이러한 프라이버시권도 절대적이거나 무한한 권리가 아니랍니다. 사회의 안정과 더 큰 권리를 보장하기 위해 프라이버시권이 제한될 수도 있어요. 위의 이야기에서, 사이렌이 울리면 폭탄이 떨어지는 것에 대비하여 사람들이 대피 훈련에 참여하는 것처럼 말이지요. 만약 자신의 자유로운 행동만 위하고 훈련에 참여하지 않는다면 실제로 폭탄이 떨어졌을 때 사회적으로 큰 혼란이 일어날 수 있어요. 하지만 시도 때도 없이 함부로 제한할 수 있는 것은 아니고, 정말 필요할 때에만 프라이버시가 약간 제한될 수 있답니다.

이러한 프라이버시권은 어른들만 가지는 것이 아니에요. **아직 어린 초등학생들이지만, 여러분에게도 프라이버시권이 있고, 어른들은 이를 존중해야 한답니다.** 예를 들어, 여러분만 알고 있는 비밀스러운 이야기가 담긴 일기장을 부모님이나 선생님께서 보지 않는다거나, 점심시간에 운동장에서 여러분이 하고 싶은 활동을 마음껏 할 수 있는 것처럼 말이지요.

하지만 **부모님이나 선생님들은 위험으로부터 여러분을 지켜 주고 보호하기 위하여 때때로 여러분의 프라이버시권을 제한할 수도 있어요.** 위의 이야기에서, '프라이버시의 나라' 초등학교 교장 선생님께서 '여기까지' 펜스 바깥쪽으로 나가지 못하게 하시는 것처럼 말이지요. 이런 안내를 무시하고 '여기까지' 펜스 근처에서 놀던 아이가 바람에 휩쓸려 가기도 했죠? '여기까지' 펜스 바깥쪽에는 회오리바람에 휩쓸려 절벽 아래로 떨어질 수 있는 위험이 있기 때문에 학생들의 안전을 위해 프라이버시권을 제한하는 것이지, 아무 이유 없이 여러분의 프라이버시권을 제한하는 것은 아니랍니다.

프라이버시 문제에서는 프라이버시의 범위와 한계에 대해 생각해 봐야 해요. 프라이버시의 '범위'란 사람들이 어떠한 상황에서 기대할 수 있는 프라이버시의 정도를 뜻해요. 그리고 프라이버시의 '한계'에서는 프라이버시권의 가치와 사회의 이득을 알아야 하지요. 프라이버시권의 가치는, 프라이버시권으로 인하여 사람들이 자유롭고 안정감 등을 느끼는 것을 생각할 수 있어요. '코끼리와 비둘기' 공항에서 비둘기를 탈 때, 어떤 것이든 내가 원하는 것을 마음대로 가지고 타는 것은 자유로운 일이고, 개인에게 안정감을 줄 수 있겠죠.

하지만 프라이버시권은 절대적인 권리가 아니에요. 위의 이야기에서 손오공과 친구들이 검색대를 통과할 때는 각자의 행동에 대한 프라이버시를 가질 수 없는 상황이죠.

프라이버시권에 한계를 둠으로써 나쁜 행동을 막거나, 잘못을 발견하고 고치면 사회에 이득이 됩니다. 쇠붙이를 몸에 지닌 채 비둘기를 탑승하여 다른 승객들의 안전과 생명을 위협하는 것은 아주 위험해요. 그래서 검색대를 통과하게 하여 쇠붙이를 걸러내면 모두가 안전하게 비둘기를 탈 수 있는 것처럼 말이에요.

이러한 프라이버시의 한계를 생각할 때는 프라이버시권의 가치와 사회의 이득을 잘 따져 보아야 해요. 검색대 통과는 많은 사람들이 안전하게 비둘기를 탑승하기 위해 하는 일이고, 사회의 이득을 위한 일이에요. 하지만 입은 옷을 모두 벗거나, 닭과 돼지의 오줌을 섞어 만든 물에 온몸을 적셔야 한다는 건 프라이버시가 아주 크게 침해받는 상황이죠. 그래서 손오공과 친구들은 두 가지를 모두 고려하여, 쇠붙이가 있으면 경고음이 나는 검색대를 선택했던 거예요. 이처럼 프라이버시의 한계에 대한 문제에 부딪혔을 때는 프라이버시권의 가치와 사회의 이득을 잘 따져 보아야 한답니다.

〈이것만 알아둬요!〉

- **프라이버시권:** 자신의 프라이버시가 다른 사람들로 인하여 방해받거나 침해받지 않을 권리.
- **프라이버시권이 중요한 이유**
  - 더 많은 자유를 누릴 수 있다.
  - 다른 사람들을 존중하면서 더 사이좋게 지낼 수 있다.
- **프라이버시권의 한계**
  - 프라이버시권은 절대적이거나 무한한 권리가 아니다.
  - 사회의 안정과 더 큰 권리를 보장하기 위해 프라이버시권이 제한될 수도 있다.
- **초등학생들의 프라이버시권**
  - 초등학생들에게도 프라이버시권이 있고, 어른들은 이를 존중해야 한다.
  - 부모님이나 선생님들이 위험으로부터 우리를 지켜 주고 보호하기 위하여 때때로 우리의 프라이버시권을 제한할 수도 있다.
- **프라이버시의 범위와 한계**
  - 프라이버시의 범위: 사람들이 어떠한 상황에서 기대할 수 있는 프라이버시의 정도.
  - 프라이버시의 한계
    - 프라이버시권의 가치: 사람들이 자유롭고, 안정감을 느낀다.
    - 프라이버시권은 절대적인 권리가 아니다.
    - 사회의 이득: 나쁜 행동을 막거나, 잘못을 발견하고 고치면 사회에 이득이 된다.
  - 프라이버시의 한계를 생각할 때는 프라이버시권의 가치와 사회의 이득을 잘 따져 보아야 한다.

프라이버시권이 중요한 이유와 한계 알기

다음의 이야기들을 잘 읽고, 물음에 답하세요.

1. 서연이는 왼손잡이입니다. 어렸을 때부터 왼손을 사용하는 것이 더 편했고, 지금은 아주 익숙합니다. 교실에서 공부할 때나 급식실에서 밥을 먹을 때 가끔 옆 친구들과 부딪히게 되어 불편할 때도 있지만, 서연이는 왼손을 사용하는 편이 더 좋습니다.

1) 이 이야기에서 서연이가 갖고자 하는 프라이버시는 무엇인가요?

_____

2) 서연이가 왼손을 사용하는 이유는 무엇인가요?

_____

2. 준호는 학교에서 친구들과 공놀이를 하는 것을 좋아합니다. 체육 시간에 체육관에서 편을 나누어 피구를 하는 것도 좋아하고, 점심시간에 운동장에서 축구를 하는 것도 매우 좋아합니다. 방과 후에 운동장에서 친구와 야구를 즐기기도 합니다. 쉬는 시간에 복도에서 야구 연습을 하고 싶은데, 선생님께서 허락하시지를 않습니다. 저번에 복도에서 야구를 하다가 유리창을 깨뜨려서 지나가는 미정이가 다쳤었거든요.
"준호야, 복도에서 야구를 하면 다른 친구들이 복도를 지나갈 때 불편하고, 저번처럼

> 유리창을 깨뜨리거나 친구를 다치게 할 수 있어요. 그러니까 복도에서는 야구 연습을 하면 안 돼."

1) 이 이야기에서 준호가 갖고자 하는 프라이버시는 무엇인가요?

----

2) 선생님께서 복도에서 공놀이를 하지 못하게 하시는 이유는 무엇인가요?

----

3) 여러분이 준호의 상황이라면 어떻게 할 건가요? 그리고 그 이유는 무엇인가요?

> 3. 남수의 아버지는 회사를 운영하고 계십니다. 그런데 회사를 운영하시면서 지켜야 할 법을 어기고 세금을 내지 않으면서 뒷돈을 챙겼습니다. 검찰은 이러한 사실을 수사하면서 남수네 집과 아버지의 회사 등에 들어와 물건들을 뒤졌습니다. 그리고 가족의 은행 계좌를 조사하였고, 가족이 외국에 나가지 못하게 했습니다.

1) 이 이야기에서 남수네 가족이 갖고자 하는 프라이버시는 무엇인가요?

----

2) 검찰에서는 왜 위와 같은 일들을 했을까요?

----

3) 여러분은 검찰에서 한 일에 대해 어떻게 생각하나요? 그 이유는 무엇인가요?

이야기에서 확인하기

보미의 고민

　민지와 소영이, 보미는 같은 반입니다. 셋은 올해 같은 반이 되면서 서로 친해져서 매일 함께 놀았습니다. 아침에 등교하는 것도 모여서 하고, 쉬는 시간이나 점심시간에도 항상 함께였습니다. 그러던 어느 날 민지네 반에 혜민이가 전학을 왔습니다. 혜민이는 보미와 짝이 되었고, 이야기를 나누던 보미는 혜민이와 마음이 잘 맞는다는 것을 알고 친해지게 되었습니다. 그러다 보니 민지, 소영이와 함께 어울리는 시간이 점점 줄어들게 되었습니다. 어느 날, 보미는 휴대 전화로 발신자가 없는 이상한 문자를 받게 되었습니다. '배신자'.

　그리고 며칠 동안 욕설이 포함된 문자를 받게 되었습니다. 보미는 충격을 받고 누가 이런 문자를 보냈을지 생각해 보았습니다. 문득 요즘 혜민이와 어울리면서 민지, 소영이와의 사이가 많이 달라졌다는 것이 떠올랐습니다. 서로 인사도 주고받지 않고, 말을 걸어도 대답도 하지 않고 싸늘한 눈빛으로 쳐다보았다는 것도 생각났습니다.

　'설마……'

　보미는 고민 끝에 선생님께서 읽어 보시는 일기장에 이러한 고민을 털어놓았습니다. 만약 민지와 소영이가 그런 문자를 보낸 것이라면 사과를 받고 싶다는 바람도 써 놓았습니다.

다음 날 보미의 일기를 읽어 보신 선생님은 민지와 소영이를 부르셨습니다. 그리고 보미의 고민을 이야기해 주시고는 사실을 물어보셨습니다.

"무슨 말씀이세요? 저희는 그런 문자 보낸 적이 없어요."

"그냥 보미가 요즘 저희랑 어울리지 않을 뿐이에요."

절대 아니라고 잡아떼는 민지와 소영이에게 선생님은 한 가지 제안을 하셨습니다. 민지와 소영이의 휴대 전화 목록을 확인해 보면 확실하게 알 수 있지 않느냐는 것이었습니다. 그리고 서로 오해하고 있는 부분을 풀고 예전처럼 친하게 지내면 되지 않겠냐고 말입니다. 이대로 계속 지낸다면 서로 의심만 하며 사이가 더 나빠질 테니까요. 하지만 민지와 소영이는 자신들의 휴대 전화 목록을 선생님에게도, 보미에게도 보여 주고 싶지 않습니다. 그건 민지와 소영이의 프라이버시니까요.

♣ 위의 이야기를 잘 읽고, 물음에 답하세요.

1. 이 이야기에서 프라이버시를 원하는 사람(들)은 누구인가요?
2. 그 사람(들)이 보호하고자 하는 프라이버시는 무엇인가요?
3. 이 이야기에서 프라이버시를 제한하려고 하는 사람(들)은 누구인가요?
4. 그 사람(들)은 왜 프라이버시를 제한하려고 하나요?
5. 프라이버시를 제한해야 할지 말지를 결정할 때, 무엇을 고려해야 하나요?
6. 여러분이라면 이 상황에서 어떻게 할 건가요? 이유를 들어 이야기해 보세요.

제8화 가가멜 할아버지의 고민 해결하기 대작전

2시간이 흘렀을까, 비둘기를 타고 드디어 '프라이버시짱의 나라'에 도착했습니다. 손오공과 친구들은 공항 밖으로 나왔어요. 그런데 많은 사람들이 오고 가는 길 한쪽에 검은 옷을 입은 할아버지 한 분이 서명 용지를 돌리는 모습이 보였어요.

"할아버지, 여기에서 뭐 하세요?"

"아주 억울한 일이 있어서 이렇게 서명 용지를 만들어 사람들한테 하소연을 하는 거란다."

"무슨 일 때문에 그러시는데요? 우리가 할 수 있는 일이라면 열심히 도와드릴게요."

"정말 고맙구나. 무슨 일이냐면······. 내 이름은 가가멜이야. 솔직히 젊었을 때 난 사람들을 많이 괴롭혔지. 특히 파파 스머프를 못 살게 굴었어. 그때는 스머프 마을의 지도자였던 파파 스머프가 너무 미웠어. 똑똑하고 착한 것이 마음에 안 들었지. 한 번은 파파 스머프 집에 가서 100만 원을 빼앗아 오기도 했단다.

하지만 시간이 흐르고 나니 잘못을 깨닫게 되었지. 내 발로 경찰서에 가서 이러이러한 잘못을 저질렀다고 얘기했어. 돈을 빼앗고 이웃을 괴롭힌 죄로 감옥에 3개월 동안 있었지. 거기서 진심으로 반성을 한 나는 감옥을 나오자마자 파파 스머프를 찾아가 용서를 빌고, 이자를 더해 돈을 돌려주었어. 역시 파파 스머프는 착한 사람이었어. 내 잘못을 모두 용서하겠다고 했거든.

이후에 나는 가족들을 이끌고 다른 작은 마을로 이사를 했어. 거기에서 열심히 일을 해서 돈을 많이 모았단다. 그러곤 내 이름을 딴 식당을 차렸어. 장사가 엄청 잘됐지. 오랜만에 가족과 행복한 시간을 보냈단다.

그런데 어느 날 우리 마을의 신문사에서 연락이 왔어. 우리 마을에서 감옥에 갔다 온 사람들의 이야기를 신문 기사로 내겠다는 거였어. 나는 당장 신문사의 편집장을 찾아갔단다.

'편집장님, 저는 감옥에 갔다 왔지만, 지금은 착하게 살고 있습니다. 저에 대한 기사를 쓴다면 저를 두 번 죽이는 거예요. 물론 식당도 망할 것이고요.'

그러자 편집장이 대답했지.

'하지만 우리 마을 사람들은 우리 마을에 범죄자가 있는지 알 권리가 있어요. 나 또한 신문 기자로서 마땅히 사람들에게 그러한 정보를 알려 줄 의무와 권리가 있고 말이지요.'

몇 번을 찾아갔지만, 돌아오는 대답은 똑같았어. 이제 열흘 뒤면 신문 기

사가 나올 거야.
그래서 지푸라기라도 잡는 심정으로 사람들에게 서명 용지를 돌리고 있는 거란다."

　가가멜 할아버지의 이야기를 다 들은 방자는 대수롭지 않은 듯 말했어요.
　"가가멜 할아버지, 걱정하실 필요 없어요. 이 문제를 재판으로 해결하면 되잖아요."
　"맞아. 내가 왜 그 생각을 못했을까?"
　방자의 말에 가가멜 할아버지가 무릎을 치며 외쳤습니다. 그들은 곧장 '프라이버시꽝의 나라' 법원으로 갔어요.
　"무슨 일 때문에 오셨나요?"
　"저는 가가멜이라고 합니다. 재판을 신청하려고 왔습니다."
　"재판 신청을 하시려면 여기에서 1차 신청서를 작성하세요. 그리고 1차 신청서를 제출한 날로부터 5일이 지나기 전까지, 그 재판에 관심을 보이고 응원하는 사람 1만 명의 서명을 받아오세요. 서명을 받는 판은 반드시 가로, 세로가 각각 100cm, 두께 10cm인 네모반듯한 나무판이어야 합니다. 그다음엔 나무판을 들고 이곳 지하의 컴퓨터실로 가세요. ○○ 사이트에 들어가서 1만 명 개개인으로부터 서명판이 진짜라는 것을 인증 받으세요. 인증 받는 데 1명당 3시간 정도 걸립니다. 하지만 걱정 마세요. 컴퓨터실에 컴퓨터는 10만 대가 있으니까요."

가가멜 할아버지는 그 자리에 털썩 주저앉았습니다.

"아니, 1만 개의 나무판에 1만 명의 서명, 1명당 3시간 걸리는 인터넷 인증을 5일 안에 무슨 수로 할 수 있지? 아이고, 나는 망했네."

손오공은 가가멜 할아버지를 일으키며 걱정하지 말라는 듯 자신 있는 목소리로 말했습니다.

"가가멜 할아버지, 걱정하지 마세요. 우리가 해결해 드릴게요. 일단 1차 신청서를 작성하세요. 그리고 틸틸과 미틸, 우리가 오기 전까지 가가멜 할아버지를 잘 보살펴 드리렴."

"손오공, 무슨 대책이라도 있니?"

"다른 것은 몰라도 1만 명에게 서명을 받는 것은 무리야. 이곳 '프라이버시꽝의 나라' 사람들은 아무도 서명해 주지 않을걸."

팥쥐와 방자가 걱정을 늘어놓았습니다. 하지만 손오공은 여전히 자신만만했습니다.

"애들아, 이곳 사람들은 서명해 주지 않겠지만, '프라이버시의 나라' 사람들은 서명해 줄 거야. 나무판도 걱정하지 마. 그곳 초등학교의 절벽에 수십 그루의 아름드리나무가 있잖아. 그 나무 하나면 충분해."

세 사람은 곧장 '프라이버시의 나라'로 갔습니다. 힘이 센 방자는 초등학교의 절벽으로 갔습니다. 단숨에 아름드리나무 한 그루를 베더니 순식간에 1만 개의 네모반듯한 나무판을 만들어서 운동장에 차례로 진열해 놓았습니다.

"손오공, 이제 네 차례야."

방자가 땀을 닦으며 말했어요. 손오공은 한숨을 내쉬었습니다.

"이러다가 정말 대머리가 될 것 같아."

손오공은 무려 머리털 1만 가닥을 뽑아 주문을 외웠어요.

"보그사보그사 1만 개롯!"

그러자 1만 명의 또 다른 손오공이 운동장에 꽉 찼습니다.

"애들아, 나무판 1개씩을 들고 이 나라 사람들을 찾아가서 서명을 받아 와."

1시간도 안되어서 1만 명의 또 다른 손오공들이 서명을 받고선 다시 운동장으로 모였습니다.

"시간이 없어. 빨리 '프라이버시꽝의 나라' 법원으로 가자."

하루도 지나지 않아 나무판 1개씩을 든 손오공들과 친구들이 법원에 도착했습니다.

"팥쥐, 이번에 네 차례야."

손오공의 말에 팥쥐가 다른 손오공들을 지하 컴퓨터실로 데리고 갔습니다.

"자, 내 설명을 잘 들어. 그런 다음, 각자 인터넷 인증을 하는 거야."

3시간이 흐른 다음, 손오공과 친구들은 가가멜 할아버지에게 갔습니다.

"가가멜 할아버지, 인터넷 인증까지 다 끝냈어요."

"사흘도 되지 않았는데 다 했다는 말이니?"

가가멜 할아버지는 손오공의 말을 믿을 수 없었습니다. 하지만 재판 접수를 받는 담당자가 빙그레 웃으며 고개를 끄덕였습니다. 정말 가가멜 할아버지가 재판을 받을 수 있게 된 것이에요. 가가멜 할아버지는 손오공과 방자, 팥쥐 그리고 틸틸과 미틸의 손을 잡고 연방 고맙다는 말을 했어요. 환히 웃는 얼굴 위로 눈물이 흘러 내렸어요.

"가가멜 할아버지, 이렇게 좋은 날에 왜 우시는 거예요?"

"얘들아, 이것은 슬픔의 눈물이 아니란다. 기쁨의 눈물이야."

그때였습니다. 틸틸이 들고 있는 '프라이버시의 유리구슬'이 공중에 붕 떴습니다. 가가멜 할아버지의 눈물이 바닥에 떨어지자 주위로 물방울이 튀겼습니다. 물방울 하나하나가 붉은빛으로 변하더니 얼굴 크기만 한 연기로 뭉쳤어요. 그러더니 '프라이버시의 유리구슬' 안으로 빨려 들어갔습니다.

"가가멜 할아버지가 흘린 기쁨의 눈물이 바로 파란 모자 설명서에 나온 기쁨의 눈물 한 큰 술이야. 이제 드디어 '프라이버시의 새'를 찾을 수 있게 되었어!"

손오공과 방자, 팥쥐 그리고 틸틸과 미틸이 한목소리로 외쳤습니다.

〈알쏭달쏭 물음표〉

하나. 가가멜 할아버지가 신문사에 요구한 것은 무엇인가요? 그 이유는 무엇인가요?

둘. 신문사 편집장은 가가멜 할아버지의 요구를 거절했습니다. 그 이유는 무엇인가요?

셋. 만약 여러분이 가가멜 할아버지의 재판을 맡은 판사라면, 어떤 판결을 내릴 건가요? 이유를 들어 가며 이야기해 봅시다.

**프라이버시
마법 8교시**

프라이버시 문제를
어떻게 해결할까요?

중요한 가치나 권리가 프라이버시와 충돌하게 되었을 때, 문제를 어떻게 해결할까요? 한 번도 가 본 적이 없는 곳으로 혼자 여행을 갈 때 보통 지도를 들고 가지요? 그때처럼 지금도 '프라이버시 문제를 해결할 때 도움이 되는 지도'를 이용할 수 있답니다. 이 지도를 이용하면 프라이버시 문제에 대해 좀 더 공정하고 합리적인 해결책을 찾는 데 도움을 받을 수 있어요. 시작해 볼까요?

1. 프라이버시를 원하는 사람들을 살펴보세요.

프라이버시 문제를 해결하기 위해서는 가장 먼저 프라이버시를 원하는 사람이 누구인지 알아야 해요. 누가 어떠한 이유로 프라이버시를 원하는지를 파악해야 문제를 해결할 수 있답니다. 위의 이야기에서 프라이버시를 원하는 사람은 가가멜 할아버지예요. 가가멜 할아버지는 젊었을 때 파파 스머프에게 저지른 잘못 때문에 감옥에 갔다 왔는데, 마을 신문 기사에 그 내용이 알려지는 것을 원하지 않았죠. 잘못에 대하여 충분히 반성을 하였고, 지금은 이 마을에서 식당을 열어 장사도 잘되고 있는데 가가멜 할아버지가 범죄자였다는 사실이 알려지면 식당이 망하게 되기 때문이죠.

2. 프라이버시를 제한하려고 하는 사람들을 살펴보세요.

프라이버시 문제에서 프라이버시를 원하는 사람이 있으면, 그것을 제한하려고 하는 사람이 있을 거예요. 누가 어떠한 방법으로, 왜 프라이버시를 제한하려고 하는지 파악해야 해요. 위의 이야기에서 신문사의 편집장은 가가멜 할아버지의 프라이버시를 제한하려고 합니다. 편집장은 마을 사람들이 마을에 범죄자가 있는지 알 권리가 있다고 생각해요. 그래서 마을에서 감옥에 갔다 온 사람들의 이야기를 신문 기사로 내겠다고 하는 거죠.

3. 프라이버시와 관련한 문제를 해결하는 데 도움이 되는 사항들을 따져 보세요.

프라이버시와 관련한 문제를 해결하는 데 도움이 되는 여러 가지 사항들이 있는데, 이러한 것들을 하나씩 따져보는 과정이 필요해요. 해당 사항이 없으면 다음 단계로 넘어가도 된답니다.

첫째, 프라이버시를 원하는 사람이 이전에 자신의 프라이버시를 제한하는 것에 대하여 동의한 적이 있나요? 위의 이야기에서 프라이버시를 원하는 사람은 가가멜 할아버지죠. 가가멜 할아버지는 신문 기사에 자신이 예전에 잘못한 일들이 실리는 것에 대해 동의한 적이 없어요.

둘째, 프라이버시를 제한하려고 하는 사람은 다른 사람의 프라이버시를 제한할 권리를 가지고 있나요? 위의 이야기에서 프라이버시를 제한하려고 하는 사람인 신문사의 편집장은 알고 있는 사실을 사람들에게 알리는 책임을 갖고 있는 사람이지만, 다른 사람의 프라이버시를 제한할 수 있는 권리를 가지고 있다고 보기는 어려워요.

셋째, 프라이버시를 제한하려고 하는 사람은 다른 사람의 프라이버시를 제한해서는 안 될 법적, 도덕적 의무를 가지고 있나요? 위의 이야기에서 신문사의 편집장은 의사가 환자의 정보를 보호해야 하고, 변호사가 고객의 비밀을 보장해야 하는 것처럼, 다른 사람의 프라이버시를 제한해서는 안 될 법적인 의무를 가지고 있지는 않습니다. 하지만 다른 사람의 프라이버시를 제한해서는 안 될 도덕적인 의무는 있다고 볼 수 있겠지요.

4. 프라이버시를 가짐으로써 생기는 결과를 이익과 대가로 구분해 보세요.

이제는 프라이버시를 가지게 되었을 때 생기는 결과를 따져 보아야 해요. 프라이버시를 존중했을 때 생기는 이익과 대가를 구분하여 살펴보는 것은 프라이버시 문제를 해결하는 데 중요한 역할을 합니다. 위의 이야기에서 가가멜 할아버지의 옛날 잘못들이 신문 기사에 실리지 않게 되면, 장사가 잘되고 있는 식당을 계속 운영할 수 있고, 가족과 행복한 시간을 보낼 수 있습니다. 프라이버시를 지키고 싶어 하고 가족과 행복하게 살고 싶어 하는 개인의 권리를 보호해 줄 수 있는 것이죠. 하지만 마을 사람들은 가가멜 할아버지가 옛날에 나쁜 짓을 많이 한 사람이라는 사실을 계속해서 모르게 됩니다. 마을에 범죄자가 살고 있다는 사실을 알 수 있는 기회를 잃게 되는 거죠.

5. 이 문제를 해결하기 위한 다른 방법이 있는지 찾아보세요. 있다면 그 방법을 썼을 때 생기는 결과를 이익과 대가로 구분해 보세요.

프라이버시 문제 상황에서 각각의 입장에서 주장하는 방법 외에 다른 방법이 있는지 찾아봅니다. 한쪽의 입장에 치우쳐서 생각하지 말고 양쪽의 입장을 모두 고려하여, 합리적인 방법을 찾을 수 있으면 좋겠지요. 해당 사항이 없으면 다음 단계로 넘어가면 됩니다.

위의 이야기에서 가가멜 할아버지는 신문 기사에 실리는 것을 원하지 않고, 편집장은 신문 기사를 싣기를 원하죠. 신문 기사를 실으면서 가가멜 할아버지의 프라이버시를 지켜 줄 수는 없을까요? 신문 기사에 나오는 사람이 가가멜 할아버지인지 모르게 가명으로 기사를 낸다면, 이는 편집장이 주장하는 마을 사람들의 알 권리를 제대로 지켜 주지 못하는 것이 되겠죠. 그러므로 다른 방법을 찾기가 어렵다고 볼 수 있겠네요.

6. 이 상황에서 어떻게 하는 것이 좋을지, 이유를 들어 가면서 말해 보세요.

이제 지금까지 살펴본 내용들을 바탕으로 자신의 입장을 정리하면 됩니다. 단, 지금까지 살펴본 프라이버시를 가졌을 때 생기는 이익과 대가를 바탕으로 타당한 이유를 들어 설명할 수 있어야 해요. 위의 이야기에서 가가멜 할아버지는 자신의 프라이버시가 제한되는 것을 원하지 않았고, 식당을 하며 가족들과 행복하게 살 권리를 가지고 있죠. 그의 프라이버시를 제한하려고 하는 신문사의 편집장은 다른 사람의 프라이버시를 제한할 수 있는 권리도 없지만, 제한해서는 안 될 법적인 의무도 없습니다. 하지만 사실을 마을 사람들에게 알려 줄 책임을 갖고 있는 사람입니다. 이러한 가가멜 할아버지 개인의 권리와 마을 사람들의 알 권리를 잘 따져 보아 판단을 해야겠죠? 여러분이라면 어떻게 하시겠어요?

프라이버시 문제를 해결할 때 도움이 되는 지도

1. 프라이버시를 원하는 사람들을 살펴보세요.
2. 프라이버시를 제한하려고 하는 사람들을 살펴보세요.
3. 프라이버시와 관련한 문제를 해결하는 데 도움이 되는 사항들을 따져 보세요. 해당 사항이 없으면 다음 단계로 넘어가세요.
    1) 프라이버시를 원하는 사람이 이전에 자신의 프라이버시를 제한하는 것에 대하여 동의한 적이 있나요?
    2) 프라이버시를 제한하려고 하는 사람은 다른 사람의 프라이버시를 제한할 권리를 가지고 있나요?
    3) 프라이버시를 제한하려고 하는 사람은 다른 사람의 프라이버시를 제한해서는 안 될 법적, 도덕적 의무를 가지고 있나요?
4. 프라이버시를 가짐으로써 생기는 결과를 이익과 대가로 구분해 보세요.
5. 이 문제를 해결하기 위한 다른 방법이 있는지 찾아보세요. 있다면 그 방법을 썼을 때 생기는 결과를 이익과 대가로 구분해 보세요. 해당 사항이 없으면 다음 단계로 넘어가세요.
6. 이 상황에서 어떻게 하는 것이 좋을지, 이유를 들어 가면서 말해 보세요.

이야기에서 확인하기

프라이버시 문제 해결하기

'최고야' 선생님은 반 학생들을 매우 사랑하시고 학생들도 선생님을 아주 좋아합니다. '최고야' 선생님은 학생들의 프라이버시를 존중해 주세요. 학생들의 생각과 행동을 존중하고 격려하시죠. 단, 그 생각과 행동이 다른 사람들에게 방해만 되지 않는다면 말이죠!

진구와 미소는 요즘 카드 게임에 푹 빠져 있습니다. 오늘도 쉬는 시간에 서로의 카드를 확인하고 이야기를 나누느라 정신이 없습니다. 서로 카드를 자랑하며 신이 난 진구와 미소에게 세희가 말했습니다.

"조용히 좀 해 줄래?"

세희는 평소에도 친구들과 잘 어울리지 않고 혼자 노는 아이입니다. 친구들과 어울리기보다는 혼자 책을 읽거나 합니다. 그리고 자기를 방해하는 것을 참지 못하는 편이죠.

"지금은 쉬는 시간이거든. 우리끼리 이야기도 못 하냐?"

진구와 미소는 세희와 싸울 듯이 덤비며 말했습니다.

"아휴, 됐다. 됐어."

세희는 더 이상 이야기하기 싫다는 듯 교실 밖으로 나갔습니다.

4교시는 즐거운 체육 시간이었습니다. 오늘은 두 팀으로 나누어 신나게 피구 시합을 하였습니다. 그리고 꿀맛 같은 점심을 먹고 교실로 돌아왔습니다. 그런데 갑자기 보민이가 울상이 되어 가방을 마구 뒤지더니 책상에 엎드려 훌쩍이기 시작하였습니다.

"보민아, 무슨 일이 있니?"

'최고야' 선생님께서 물으셨습니다.

"오늘 제가 아빠 생신 선물을 사려고 1만 원을 가져왔는데, 잃어버렸어요. 아까 쉬는 시간까지는 분명히 있었는데요. 흑흑……."

"누가 보민이의 돈을 가져가는 것을 본 사람이 있나요?"

선생님께서 학생들에게 물어보셨습니다. 하지만 학생들은 아무도 말이 없이 두리번거리기만 하였습니다.

잠시 생각하시던 '최고야' 선생님은 학생들에게 주머니와 가방 안에 있는 모든 물건들을 책상에 올려놓으라고 하셨습니다. 그러자 세희와 진구, 미소 등 몇몇 학생들은 자신의 가방을 여는 것을 원하지 않는다고 선생님께 말씀드렸습니다. 진구와 미소는 가방 속에 있는 게임 카드들이 공개되는 것이 싫었습니다. 세희는 자신이 잘못한 것도 없는데 가방 안의 물건들을 왜 꺼내 놓아야 하는지 모르겠다고 하였습니다.

♣ '프라이버시 문제를 해결할 때 도움이 되는 지도'를 이용하여 이 문제를 해결해 보세요.

1. 이 이야기에서 프라이버시를 원하는 사람(들)은 누구이고, 그 이유는 무엇인가요?

2. 이 이야기에서 프라이버시를 제한하려고 하는 사람(들)은 누구이며, 왜 그런가요?

3. 다음의 사항을 따져 보세요. 해당 사항이 없으면 다음 단계로 넘어가세요.

- 프라이버시를 원하는 사람이 이전에 자신의 프라이버시를 제한하는 것에 대하여 동의한 적이 있나요?
- 프라이버시를 제한하려고 하는 사람은 다른 사람의 프라이버시를 제한할 권리를 가지고 있나요?
- 프라이버시를 제한하려고 하는 사람은 다른 사람의 프라이버시를 제한해서는 안 될 법적, 도덕적 의무를 가지고 있나요?

4. 프라이버시를 가짐으로써 생기는 결과를 이익과 대가로 구분해 보세요.

5. 이 문제를 해결하기 위한 다른 방법이 있는지 찾아보세요. 있다면 그 방법을 썼을 때 생기는 결과를 이익과 대가로 구분해 보세요. 해당 사항이 없으면 다음 단계로 넘어가세요.

6. 이 상황에서 어떻게 하는 것이 좋을지, 이유를 들어 가면서 말해 보세요.

박 기자의 고민

'어떻게 해야 하지? 휴……'

저는 알고 있는 사실을 다른 사람들에게 알려 줄 책임이 있는 기자인데, 무조건 기사를 쓰지 말라고 하니 답답하기만 합니다. 이번뿐만이 아니라 걸핏하면 '이 자료는 ○○○○년 ○○월 ○○일 ○○시 ○○분부터 사용하시기 바랍니다' 라는 말을 듣게 되니 말입니다.

몇 달 전, 값비싼 화학 물질들을 가득 싣고 가던 우리나라 선박 어이쿠호가 소말리아 해적들에게 납치되었을 때, 저를 비롯한 동료 기자들은 이러한 사실을 국민에게 전했습니다. 우리 국민은 자신의 가족에게 일어난 일인 양, 이 사건에 대해 안타까워하고 분노하며 국가가 대책을 세우기를 원했습니다. 예전에도 해적들은 우리나라 선박을 납치해 선원들의 안전을 빌미로 거액의 돈을 챙겼었기 때문입니다. 요즘은 인터넷이 발달하여 사람들에게 정보가 전달되는 속도가 매우 빠릅니다. 하지만 우리 기자들이 미리 알게 된 사실이 있어도 엠바고가 설정되어 있으면 그 시간까지는 보도를 하지 않는 것이 우리의 암묵적인 규칙입니다.

그런데 이번 샤랄라호의 경우에는, 돈을 주는 방법을 택하지 않고 구출 작전을 펼치기로 했다고 합니다. 그 소식을 국방부 관계자로부터 듣고는, 우리 선원들이 안전하게 구출되기를 바랐고 빨리 이러한 소식을 국민에게 전하고 싶었습니다. 그런데 이번에도 엠바고가 설정되어 있었습니다. 처음에는 우리 선원들이 안전하게 구출되는 게 먼저라는 그들의 주장에 동의했기 때문에 보도를 하지 못했습니다. 하지만 샤랄라호에 대한 1차 구출 작전이 실패했다는 사실이 전해지면서, 우리 국민도 이러한 내용에 대해 알 권리가 있다는 생각이 더 강하게 고개를 듭니다. 전 어떻게 해야 할지 아주 큰 고민에 빠졌습니다.

엠바고와 프라이버시는 어떤 관계가 있을까?

우리는 여러 가지 소식을 신문이나 TV, 인터넷 등의 매체를 통해 접하게 돼. 이들은 신속 정확하게 국민에게 소식을 알려 준다고 하는데, 정말 그런 걸까?

기자들은 사람들이 알고 싶어 하는 소식들을 취재하여 전달하는 역할을 하고 있지. 하지만 이런 기자들이 여러 경로를 통해 취재한 내용들을 사람들에게 모두 전달하는 건 아니야. 사람들의 프라이버시를 침해하는 내용들이나 비밀 보장이 필요하다고 생각하는 일들에 대해서는 자체적으로 기사들을 걸러 내기도 하지. 그리고 어떤 정보를 제공하는 쪽에서 일정 시점까지 보도를 자제하는 엠바고를 설정하기도 해. 그렇게 되면 사람들이 그 정보를 제공받는 시간은 늦춰지는 거야. 언론사들은 서로 더 많은 정보를 얻어 내어 사람들에게 알리기 위해 노력해야 하는데, 이런 경우엔 제공되는 정보를 공유하여, 시간에 맞춰 기사를 내보내기만 하면 되는 거지.

위의 이야기에서 국방부 관계자가 샤랄라호 구출 작전에 대해 엠바고를 요청한 이유는, 해적들에게 정보가 흘러들어 가면 인질들이 위험해지거나 경계를 강화하게 되어 작전에 문제가 생길 수도 있기 때문이었어. 그 때문에 피랍된 선원과 작전에 참가 중인 군인들의 안전이 우선이라고 판단한 다른 언론사들은 보도를 하지 않았던 것이지. 하지만 1차 작전이 이미 실패했기 때문에 엠바고에 대한 효력이 없어졌다고 판단할 수도 있는 상황이 된 거야.

국민의 알 권리와 국가의 프라이버시가 충돌하는 이런 문제 상황에서 '내가 기자였다면' 어떻게 하면 좋을지 좀 더 생각해 보자.

낱말 뜻 알기

- **엠바고 :** 원래는 '한 나라가 상대편 나라의 항구에 상업용 선박이 드나드는 것을 금지하도록 법으로 명령하는 것'을 뜻함. 최근에는 '일정 시점까지의 보도 금지' 또는 '취재 대상이 기자들에게 보도 자제를 요청하거나 기자실에서 기자들 간의 합의에 따라 일정 시점까지 보도를 자제하는 행위'를 뜻함
- **피랍 :** 납치를 당하는 것
- **기자단 :** 같은 지방이나 부처에서 취재를 담당하는 기자들로 이루어진 단체
- **교전 :** 서로 병력을 가지고 전쟁을 함
- **브리핑 :** 요점을 간추린 간단한 보고나 설명
- **석간신문 :** 매일 저녁때에 발행되는 신문

사건 일지

다음은 샤랄라호의 피랍부터 구출 작전이 끝날 때까지 주요 상황 일지입니다.

△ **샤랄라호 피랍** = 15일 정오쯤(이하 한국 시간) 아랍에미리트(UAE)에서 출발해 스리랑카로 이동하던 샤랄라호가 오만과 인도 사이 인도양 북부의 아라비아 해 입구에서 소말리아 해적에 납치되었다.

△ **"선원 모두 안전"** = 외교통상부는 15일 "선박 회사가 사건 직후 샤랄라호 선장과 통화한 결과 '선원들은 모두 안전하다'라고 말했다"고 전했다.

△ **정부 피랍 대책 본부 수립** = 정부는 15일 피랍 사건이 접수된 직후, 외교부 내에 '샤랄라호 피랍 대책 본부'를 구성하고, 주케냐 대사관에 대사를 본부장으로 하는 '현장 대책 본부'를 설치했다.

△ **뽀로롱함 파견** = 해군은 근처 항구에 있던 뽀로롱함(4500t 급)을 16일 새벽 샤랄라호를 향해 출동시켰다. 뽀로롱함에는 특수전(UDT/SEAL) 요원 300여 명이 탑승했으며, 강력한 제압 장비를 싣고 있었다.

△ **뽀로롱함, 해적과 1차 교전** = 피랍 3일째인 18일 오후 샤랄라호에 가까이 간 뽀로롱함이 특수전 요원을 투입해 1차 구출 작전을 시도했지만 실패로 끝났다. 이 과정에서 1차 총격전이 발생했으며 해적들의 거센 저항으로 우리 군인 3명이 다쳤다.

△ **국방부, 기자단에 '엠바고' 요청** = 국방부는 18일 밤과 19일, 기자단에 1차 교전 사실을 브리핑하며 작전 종료 시까지 보도를 자제할 것을 요청했다. 기자단은 이를 수용했다. 국방부는 "뽀로롱함이 샤랄라호와 가까운 거리를 두고 계속 추적 중"이라고 밝혔다.

△ **☆☆일보 '1차 구출 작전' 보도** = 석간신문인 ☆☆일보가 20일자 1면에 〈소말리아 해적과 교전 해군 3명 부상〉이라는 제목의 기사를 보도해 1차 작전이 사람들에게 공개됐다. 그러나 국방부 기자단은 작전 종료 시까지 엠바고를 유지하기로 결정했다.

△ **2차 구출 작전 개시** = 뽀로롱함은 21일 오전 10시쯤 2차 구출 작전에 돌입해, 샤랄라호 구출에 성공했다. 선원 모두가 무사히 구조됐다.

△ **샤랄라호 구출 작전 성공 보도** = 구출 작전이 완료되고 국방부의 공식적인 발표가 있은 후, 각 언론사에서 구출 작전에 대해 보도하기 시작하였다.

1. 샤랄라호가 납치되어 구출이 완료되기까지 시간이 얼마나 걸렸나요?

2. 1차 구출 작전 실패로 인한 우리 군의 피해는 무엇인가요?

3. 1차 구출 작전 실패 후, 국방부 기자단이 엠바고를 유지하기로 한 이유는 무엇일까요?

엠바고를 통해 얻는 것은?

○○○ 국방장관은 23일 샤랄라호 인질 구출 작전 보도를 작전 종료 때까지 미룬 언론사에 다음과 같이 감사 편지를 보냈습니다.

○○일보 편집국장님께

우리 군이 이번 '샤랄라호 구출 작전'을 단 1명의 인명 피해도 없이, 그야말로 '완전 작전'으로 펼칠 수 있었던 것은 우리 언론들의 협조가 있었기 때문입니다.

국방부가 구출 작전에 돌입했다는 사실이 알려지면 선원들의 안전이 위협을 받게 되고 작전이 실패로 끝날 수 있다는 점을 고려하여, 우리는 엠바고를 요청하였고 여러분이 이를 받아들였기 때문입니다.

만약 각 언론사에서 구출 작전에 대한 정확한 정보 없이 기사를 쓴다면, 서로 속보 경쟁이 붙어 엉터리 기사들이 많이 나와 국민에게 잘못된 정보를 제공할 수 있습니다.

우리 국익과 선원들의 안전 및 작전에 투입되는 장병의 안전을 무엇보다 중시해, 인내심을 갖고 끝까지 엠바고 협조를 해 준 우리 언론의 분별력은 높이 평가되고, 앞으로도 좋은 선례가 될 것으로 믿습니다.

앞으로도 긴밀한 협조 관계를 유지하여 나가기를 바랍니다.

****년 **월 23일
국방부 장관 ○○○

♣ 국방부 장관은 기자들이 엠바고를 지키지 않고 보도를 하였다면 어떠한 문제가 발생할 수 있었을 것이라고 했나요?

누구를 위한 엠바고인가?

손오공: 어이, 사오정 기자! 보도 자료 받았나?

사오정: 그럼 받았지. 그런데 내일 오전까지 엠바고가 걸려 있던데?

손오공: 그러게 말일세. 뭐 어차피 기사 내용도 다 받았고, 오늘 저녁에는 좀 쉬다가 내일 아침에 보도 자료를 참고해 기사를 쓰면 되겠던데?

사오정: 그렇군. 그럼 우리 밥이나 먹으러 갈까?

손오공: 좋지~!

사오정: 그런데 말이야……. 우리 국민이 이러한 내용에 대해 알고 여론을 형성해야 하는 것 아닌가? 내일 오후에나 기사가 나가면 이미 다 결정 난 상황인데 말일세.

손오공: 자네, 아직 얼마 안되어 의욕이 넘치는군. 하지만 우리가 엠바고를 어겨서 좋을 건 없네. 정보 제공자와 우리 기자들 간의 약속이니 말이야.

사오정: 하지만 난 왜 이러한 사실을 좀 더 일찍 국민에게 알려 주지 않는지 이해할 수가 없군. 그리고 정보 제공자가 엠바고를 요청한다고 해서 우리 기자들이 무조건 받아들여야 하는 건 아니지 않나?

손오공: 정보 제공자가 엠바고를 요청하면 기자들은 합리적인지를 판단하여 받아들이면 되는 것이지. 그것이 꼭 강제성을 띠고 있지는 않아. 하지만 정보 제공자가 자신의 정보를 우리에게 제공해 주는데 그 정도 요구는 들어줄 수 있는 것 아닌가? 그들의 프라이버시를 넘겨주는 일인데 말이지.

사오정: 내가 볼 때는 자신들의 편의를 위해 엠바고를 걸 뿐이지, 엠바고는 국익이나 사람들의 안전과 거리가 먼 경우가 많은 것 같아. 엠바고 시한까지는 보도가 되지 않을 테니 정보 제공자도 안심하고 있고, 기자들은 엠바고 이전까지 받

은 자료들로 기사를 쓰기만 하면 되니 수고도 덜지 않는가?

손오공: 그렇기는 하네. 결국 우리 기자들이 취재를 할 수 있는 기회가 줄어드는 셈이지. 국민의 알 권리도 침해하게 되고, 정보 제공자들이 원하는 대로 언론을 통제하기도 하고 말이야. 참 어려운 문제군. 엠바고를 무조건 받아들여야 하는 건지, 거부해야 하는 건지 말이야…….

1. 엠바고를 설정함으로써 정보 제공자가 얻는 이익에는 무엇이 있나요?

2. 엠바고가 설정됨으로써 기자들은 어떤 영향을 받나요?

3. 엠바고가 설정됨으로써 국민은 어떤 영향을 받나요?

4. 엠바고의 또 다른 영향은 없는지 생각해 봅시다.

 엠바고를 설정한 기사 목록 예시

국익이나 사람의 생명, 안전을 위한 것 등과 같이, 꼭 필요할 경우에만 엠바고가 설정되는 것일까요? 엠바고가 설정되었다가 보도된 기사들의 예시를 살펴보고 생각해 봅시다.

- ○○화학, 작년 사상 첫 순이익 2조 원 돌파
- 워드프로세서 2·3급 자격증, 18년 만에 퇴장
- 저전력·초고속 트랜지스터 제조 기술 개발
- 정부, 미래 IT 인재-기술 양성에 집중 투자한다
- 2분기 가계 흑자액, 전년 동기 대비 7% ↑
- 의·치의학 입문 시험 8월 29일 실시
- 장애 대학생에 캠퍼스 도우미 2,000명 지원
- 공정위, 한복 넥타이 원단 담합 적발
- 제29회 스승의 날 정부 기념식 15일 개최
- 올해 등록금 연세대 가장 비싸… 연간 907만 원
- 장기 보험 사기 근절 위한 대책 절실
- 법률 용어 알기 쉽게 바뀐다
- 서울 8개 지역 생활권 환경 정비 사업 본격 추진
- 모든 공공 기관 채용 시 학력 규제 대폭 철폐

♣ 위의 기사에 엠바고를 설정한 것에 대하여, 여러분은 어떻게 생각하나요?

각각의 입장에서 생각하기

1. 엠바고를 요청한 국방부 관계자 '하지마' 씨

　이번 샤랄라호 구출 작전은 아주 신중하게 계획되었습니다. 왜냐하면 우리 국민인 샤랄라호 선원들의 안전을 최우선으로 여겨야 했으니까요. 혹시나 우리의 작전이 해적들에게 알려진다면 선원들에게 위험한 상황이 생길 수 있다고 생각했습니다. 또 우리가 구출 작전을 펼칠 것을 해적들이 알게 되면, 경계를 더욱 강화하여 구출 작전이 더 힘들어질 것이라고 판단했습니다. 그래서 작전이 끝날 때까지 보도를 자제해 달라고 요청한 것입니다.

2. 엠바고를 지키지 않고, 보도를 한 신문사 기자 '보도해' 씨

　저는 기자로서, 국민에게 정보를 제공할 의무와 책임이 있다고 생각합니다. 이번 상황에서 많이 고민했지만 국민도 알 권리가 있다고 판단했습니다. 국방부 관계자는 작전이 끝날 때까지 보도를 하지 말아 달라고 했습니다만, 1차 작전이 실패하면서 우리 군에도 피해가 발생했고, 선원들의 안전이 더욱 위험해질 수 있는 상황이 되었습니다. 이런 중요한 상황을 우리 국민도 알아야 하고, 이번 작전에 대한 여론 조성이 필요하다고 생각하여 보도하게 된 것입니다.

3. 엠바고를 지킨 다른 신문사 기자 '노보도' 씨

　이번 일은 기자로서 참 고민이 되었습니다. 국민에게 정보를 제공하는 것이 제 할 일이지만, 작전이 미리 알려지면 우리 선원들이 위험해질 수도 있다는 국방부 관계자의 말도 일리가 있다고 생각했어요. 그래서 우리 기자들은 협의하에 엠바고를 받아들이기로 한 것이고요. 이미 약속한 것에 대해서는 지켜야 한다고 생각해서 작전이 끝날 때까지 보도를 하지 않았던 것입니다.

4. 국민의 알 권리를 주장하는 시민 '알려줘' 씨

아니, 어떻게 이럴 수가 있습니까? 이렇게 중요하고도 위험한 일을 하는데, 나 같은 사람은 전혀 모르고 있어도 된다는 말인가요? 무리하게 작전을 펼치면서 우리 국민을 다치게 할 수도 있는 것 아니냔 말입니다. 작전을 하다 보면 희생이 발생할 수 있다고요? 그런 점에 대해 국민에게 알려 주기나 했나요? 우리 국민도 알 건 알고, 얘기할 건 얘기해야죠.

♣ 지금까지 살펴본 내용을 바탕으로, 여러분이 기자라면 어떻게 했을지 써 보세요.

〈이렇게 지도하세요〉

이 문제에는 정답이 있지 않습니다. 상황에 따라, 입장에 따라 다른 의견이 있을 수 있음을 이해하고 균형적으로 접근할 수 있게 지도하세요. 아이들이 '다양한 입장과 상황'을 고려하면서, '지도'를 통해 자신의 의견을 합리적으로 이끌어 낼 수 있게 안내하세요.

> 나가며

이제 평화로운 세상이 되돌아왔어요!

　손오공과 친구들은 침을 꿀꺽 삼켰습니다. 즐거운 웃음 한 숟가락과 기쁨의 눈물 한 큰 술이 들어간 '프라이버시의 유리구슬'은 붉은색과 하얀색으로 번갈아 가며 변했어요. 그러더니 유리구슬이 산산조각으로 부서졌습니다. 붉고 하얀 빛줄기가 사라지자 그 안에서 파랑새 한 마리가 날개를 파닥거리며 나타났어요.

　"'프라이버시의 새'야."

　모두 한목소리로 외쳤습니다. 손오공이 떨리는 목소리로 말했습니다.

　"'프라이버시의 새'야, 우리는 '프라이버시의 열쇠'를 찾고 있어. 혹시 그 열쇠가 어디에 있는지 아니?"

　'프라이버시의 새'는 꾀꼬리 같은 목소리로 대답했어요.

　"그럼요. '프라이버시의 열쇠'는 바로 여러분 곁에 있답니다."

　"어디에 있어? 우리 주위에는 아무것도 없는데……."

　"'프라이버시의 열쇠'는 여러분이 프라이버시의 의미를 잘 이해하고 실천할 때부터 여러분과 늘 함께 있었어요."

　'프라이버시의 새'의 말이 끝나기 무섭게 손오공과 팥쥐, 방자의 목에 걸려 있던 '정의의 열쇠', '책임의 열쇠', '권위의 열쇠'가 공중으로 붕 떴습니다. 세 열쇠는 '프라이버시의 새' 주변을 빙글빙글 돌았어요. 원 밖으로 파란 빛줄기가 소용돌이를 치면서 차츰 물체의 형상을 띠기 시작했습니다. 1분이 흘렀을까, 드디어 파란 빛줄기가 3개의 열쇠와 똑같은 열쇠 하나로 변했어요. 드디어, '프라이버시의 열쇠'를 찾은 것입니다!

손오공과 친구들은 틸틸과 미틸을 집으로 데려다 주었습니다. '프라이버시의 새'를 주려고 하자, 틸틸이 고개를 가로저으며 말했어요.

"아니에요. 옆집 할머니가 '프라이버시의 새'를 찾아오라고 한 이유를 이제야 알겠어요. 우리에게 진정한 프라이버시가 무엇인지 생각해 보고 알아보라는 거였어요. 이제 우리에게 '프라이버시의 새'는 필요 없답니다. 우리의 마음속에 진정한 프라이버시를 간직해 놓았거든요."

손오공과 친구들은 틸틸, 미틸과 작별 인사를 하였습니다.

"손오공, 4개의 열쇠를 다 찾았으니 이제 '큰도라 상자'를 봉인할 일만 남았어."

"그런데 '큰도라 상자'는 어디에 있지?"

순간 세 사람은 꿀 먹은 벙어리가 되었어요. 생각해 보니 정작 '큰도라 상자'가 어디에 있는지를 몰랐거든요. 그때 손오공이 말했습니다.

　"'프라이버시의 새'라면 알고 있을 거야. '프라이버시의 새'야, 너는 '큰도라 상자'가 어디에 있는지 알고 있지? 그곳으로 우리를 인도해 줘."

　"그럼요. '큰도라 상자'는 저 하늘 너머에 있답니다. 저를 따라오세요."

　'프라이버시의 새'를 따라 손오공과 친구들은 마법의 구름을 타고 하늘 위로 올라갔습니다. 여러 개의 구름을 지나자 주위가 대낮처럼 밝은 곳이 나타났습니다.

　"여기는 '이상을 꿈꾸는 나라'예요. 저기에 '큰도라 상자'가 있어요."

　손오공과 친구들은 마법의 구름에서 내려 '큰도라 상자' 앞으로 갔습니다. 그러자 4개의 열쇠에서 각각 붉은빛, 파란빛, 하얀빛, 검은빛이 지상으로 쏟아졌어요. 그 빛줄기들은 지상에 떠돌고 있던 불공평하고 미움을 가져오는 악의 기운을 모조리 쓸어 담아서 '큰도라 상자' 안으로 들어가 버렸습니다.

　손오공과 친구들은 천천히 '큰도라 상자'의 뚜껑을 닫은 다음, '정의의 열쇠', '책임의 열쇠', '권위의 열쇠', '프라이버시의 열쇠'를 큰도라 상자 양쪽 열쇠 구멍에 끼웠습니다. 그리고 서로의 상기된 얼굴을 쳐다보며 큰 소리로 외쳤어요.

"얘들아, 우리가 해낸 거야!"

마무리하기

지금까지 배운 것을 떠올려 보아요!

지금까지 '프라이버시'에 대해서 공부하느라 수고하셨습니다.

여러분은 지금까지 프라이버시란 무엇인지 알아보았고, 사람마다 프라이버시에 대한 생각이나 행동이 다른 이유를 살펴보았습니다. 또한 프라이버시로 인해 생기는 결과와 프라이버시의 범위와 한계에 대하여 알아보았답니다.

하지만 이것만 배웠다고 해서 '나는 이제 프라이버시에 대해서 다 알게 되었어'라고 우쭐대거나 자만해서는 안 됩니다. 프라이버시의 문제는 지금까지 배운 것 이상으로 복잡한 형태로 우리 앞에 나타날 수 있어요. 그렇기 때문에 일상생활에서 겪게 되는 프라이버시의 문제를 올바르게 해결하기 위해 끊임없이 공부하고 노력해야 합니다.

실제로 여러분이 일상생활에서 경험하는 여러 가지 프라이버시와 관련한 것들이 이 책에서 배웠던 '프라이버시의 문제들을 해결하는 지도'에 딱 들어맞지 않을 수 있어요. 그때, '뭐야? 지금까지 프라이버시에 대해서 배운 것은 다 헛것이잖아' 하며 낙심할 필요는 없습니다. 여러분은 지금까지 눈에 보이는 '프라이버시의 문제들을 해결하는 지도'를 배운 것이 아니라, 여러분의 마음속에 '프라이버시의 문제들을 해결하는 지도'를 그려 넣는 활동을 한 거예요. 그렇기 때문에 이제부터 여러분은 프라이버시의 문제를 해결할 수 있는 마음의 눈을 갖고 살아가길 바랍니다.

더불어서, 여러분은 이 책을 끝으로 꼬마 민주 시민이 되기 위해서 꼭 알아 두어야 할 정의, 책임, 권위, 프라이버시에 대해서 모두 알게 되었습니다. 우리가 살고 있는 민주 사회를 견고히 하고, 우리가 사는 곳을 정의롭고 살기 좋은 곳으로 만들어 나가는 데 여러분도 함께 해요!

<이것만 알아둬요!>

· 우리 생활에는 많은 프라이버시의 문제들이 있어요.

· 프라이버시의 문제를 잘 해결하기 위해서 계속해서 공부하고 노력을 해야 해요.

· 프라이버시의 문제에 부닥쳤을 때 논리적으로 따지는 것보다 중요한 것은 그것을 해결하려는 마음의 눈을 갖는 것이랍니다.

> 엮고 쓴 이의 말

프라이버시를 아는
'꼬마 민주 시민'을 꿈꾸며

　　어린이 공화국 '벤포스타'를 알고 있나요? 스페인의 갈리시아 지방에는 어린이의 나라 '벤포스타'가 있었답니다. 물론 정식 국가는 아니었지만 어린이 대통령도 있고, 어린이 장관도 있었으며 화폐도 있었습니다.

　　1956년 어느 천주교 신부와 15명의 어린이들이 세운 나라 '벤포스타'는 피부색이나 종교, 국적이 다른 아이들이 모여서 평등하고 자유롭게 살아가기를 꿈꾸었습니다. 어린이들이 스스로 법과 규칙을 만들고 개인의 자유가 보장되며 민주주의의 원리에 따라 살았기에, 사람들은 이곳을 '벤포스타 공화국'이라고 부르기도 했었지요.

　　다른 비슷한 이야기도 해 볼까요? 초등학교 6학년 도덕 교과서에는 미국 유타 주 솔트레이크 시의 잭슨초등학교 학생들의 이야기가 실려 있습니다. 학교 근처 쓰레기 폐기장에 유독성 화학 물질이 들어 있는 통들이 아무렇게나 버려져 있는 것을 발견한 잭슨초등학교 학생들은 동네가 크게 오염될 것을 걱정해 여러 활동을 펼쳤습니다. 집집마다 방문하여 지역 주민들에게 폐기물이 위험하게 버려져 있음을 알리고, 보건부 직원, 전국 각 지역의 환경 단체 사무실 등에 전화를 하고 편지를 쓰기도 했습니다. 그래서 솔트레이크 시의 시장과 면담도 하였고, 결국 쓰레기 폐기장의 유독성 화학 물질들은 모두 사라지게 되었답니다.

　　위의 두 이야기뿐 아니라, 세계 여러 나라에서는 어린이들의 힘으로, 어린이들이 '꼬마 민주 시민'이 되어서 사회에 관심을 갖고 사회를 변화시킨 사례가 많이 있습니다. 그렇다면 우리나라는 어떨까요? 우리나라에는 어린이들이 '꼬마 민주 시민'이 되어서 사회를 변화시킨 사례가 없을까요?

물론 있지요! 일례로, "남녀 학생들이 함께 보는 어린이 신문의 이름이 왜 '소년△△일보'일까?"라고 생각한 초등학생들이 있었습니다. 이 학생들은 해당 신문사에 이름을 바꿀 것을 요구하는 편지를 보내어, 이후 '소년△△일보'는 '어린이△△일보'로 이름을 바꾸었답니다.

'연주황'이라는 색깔 이름은 지나치게 어려운 한자어여서, 크레파스나 물감을 자주 사용하는 어린이에 대한 차별이자 인권 침해라고 생각한 9~11살의 여학생 6명이 있었어요. 이들은 '연주황' 대신 '살구색'으로 색깔 이름을 바꿔 달라는 진정서를 국가 인권 위원회에 제출했습니다. 2005년, 드디어 학생들의 뜻대로 이 색깔의 이름은 '살구색'이라는 쉬운 우리말로 바뀌었답니다.

초등학생들은 단지 나이만 어릴 뿐, 우리 사회의 한 구성원이며 시민입니다. 나이가 어리다고 시민으로서의 자격이 완전히 박탈당해서는 안 됩니다. 더불어 초등학생들도 '꼬마 민주 시민'이 되어 사회의 한 일원으로서, 사회 문제에 관심을 가지고 사회를 변화시킬 권리와 책임이 있습니다.

이러한 생각을 공유하던 몇몇 초등학교 선생님들이 모여 책을 만들기 시작했습니다. 그리고 모든 어린이들이 '꼬마 민주 시민'이 되는 세상을 꿈꾸며, 2009년에 《초등 전 학년을 위한 민주주의 기초》 시리즈 중 '정의 편'과 '책임 편'을 냈습니다. 이번에는 시리즈의 마지막인 '권위 편'과 '사생활 편'을 선보입니다.

요즘에는 인터넷이 발달하고, SNS의 활용도가 급속도로 높아지면서, '프라이버시'에 대한 사람들의 관심도 함께 높아졌습니다. 물론 초등학생들도 예외가 아닙니다. 하지만 '프라이버시'의 개념에 대한 이해도는 '프라이버시'에 대한 관심도에 비해 높지 않습니다. '프라이버시'란 단순히 개인에게 자유를 무한정 주는 것이라고 오해하는 사람들도 많습니다. 따라서 '꼬마 민주 시민'을 꿈꾸는 어린이들이 '프라이버시'에 대하여 재미있게 이해할 수 있게 하기 위하여 《초등 전 학년을 위한 민주주의 기초》 시리즈의 마지막 책으로 '사생활 편'을 엮고 쓴 것입니다.

'사생활 편'은 민주주의의 여러 가지 개념 중 '프라이버시'의 개념을 손오공과 친구들이 겪는 재미있는 모험담에 담아 알기 쉽게 설명하고 있습니다. 또 어린이들이 학교나 가정에서 직접 경험했을 법한 사례를 중심으로 꾸며, 어린이들이 직접 생각하고 활동에 참여하면서 스스로 '프라이버시'에 대해 깨달을 수 있게 하였습니다. 이 책은 학교에서 선생님들이 민주 시민 교육 보조 교재로 활용할 수도 있고, 가정에서 어린이들이 혼자 재미있게 읽은 후 부모님과 이런저런 이야기를 나누며 함께 배울 수도 있답니다.

우리 어린이들이 '꼬마 민주 시민'으로 자라나 '꼬마 민주 시민'이 꿈꾸는 세상이 이루어지기를, 이 책을 쓴 우리 선생님들은 기대하여 봅니다.

2011년 6월

장대진 · 한은희 · 문희윤 · 이미정

> 책을 펴내며

살아 있는 민주주의,
진화하는 민주주의를 위하여

　살아 있는 민주주의는 늘 변화·발전하며, 그 진화에는 끝이 없습니다. 살아 있는 민주주의는 완전한 형태로 성취될 수도 없지만, 우리가 방심한다면 쉽게 사라질 수도 있는, 나약하면서도 늘 변화하는 과정에 있는 것입니다. 그렇기에 이에 대해 늘 관심을 갖고 지켜보아야 하며, 더 나아가서는 이를 지켜 내려는 희생이 필요하기도 합니다.

　민주주의를 실현하려는 사회에서는 제도뿐 아니라 이를 실천에 옮기려는 사회 구성원들의 의지도 중요합니다. 그 사회에 살고 있는 대다수의 시민들이 민주주의에 대해 무지하거나 그것을 적절히 실천할 수 있는 방법과 절차를 알지 못한다면, 민주주의는 결코 진화할 수 없을 것입니다. 제도 개선과 함께 올바른 의식을 갖춘 시민을 양성하는 일은 민주주의 발전 과정에서 자연스러운 것입니다. 따라서 우리나라의 학교는 의식적으로 계획된 교육 과정을 통해 민주적인 정치의식이나 신념 및 태도 들을 '어린 시민'들에게 내면화하는 중요한 역할을 해야 합니다.

　우리 사업회가 2005년 전국사회교사모임에 의뢰한 연구 보고서는 전국 1,000여 명의 초·중·고 교사들의 응답을 다음과 같이 정리하였습니다.

> 교육 과정상의 모든 교과는 민주 시민 교육을 지향하도록 하고 있으며, 재량 활동과 특별 활동에서도 민주 시민 교육과 민주 시민의 자질을 형성하도록 되

어 있는데도 불구하고 교과 및 특별 활동, 창의적 재량 활동, 이들을 포함하는 전반적인 교육 활동상에서 민주 시민 교육에 대한 기여도가 평균 이하로 나오는 것으로 보아 현재 학교에서 이루어지고 있는 교육 활동이 민주 시민 양성이라는 궁극적인 목표를 제대로 달성하지 못하고 있는 것으로 판단된다.

그리고 이 연구에 따르면 우리나라 교사들은 책임감, 인권, 참여, 정의, 관용을 우선적으로 다루는 시민 교육 교재 프로그램이 필요합니다. 따라서 민주화운동기념사업회는 2008년 10월 미국 시민교육센터(CCE)와 양해 각서(MOU)를 체결하여 '민주주의의 기초(Foundations of Democracy)' 라는 시민 교육 프로그램을 우리 학생들에게 맞게 한국형으로 개발하였습니다.

이미 몇 년 전부터 이 프로그램에 관심을 갖고 공부했던 교사들이 있었기에 별다른 어려움 없이 이 책을 출판할 수 있었습니다. 우리 사업회보다 먼저 관심을 갖고 공부 모임에 참여하셨던 공영아 · 김만균 · 김미란 · 김소연 · 김원태 · 김주연 · 김현진 · 김혜자 · 남궁혜영 · 남현 · 노미영 · 문덕순 · 문희윤 · 박정은 · 배성호 · 손진근 · 송순선 · 양설 · 윤지아 · 이근화 · 이미정 · 이민정 · 이범기 · 이은주 · 이정은 · 이지영 · 이현주 · 이혜숙 · 장대진 · 정경수 · 천희완 · 최성은 · 한은희 · 허효정 · 황은주 선생님께 감사의 마음을 전합니다.

2011년 6월

민주화운동기념사업회 이사장 정성헌

초등 전 학년을 위한 민주주의 기초 ④사생활
쉿! 프라이버시 이야기

ⓒ 민주화운동기념사업회 2011

초판 1쇄 2011년 6월 30일 찍음
초판 5쇄 2019년 12월 19일 펴냄

엮고 쓴이 | 장대진, 한은희, 문희윤, 이미정
펴낸이 | 강준우
기획·편집 | 박상문, 김슬기
디자인 | 최진영
일러스트 | 김인하(kiminha@hanmail.net)
마케팅 | 이태준
관리 | 최수향
인쇄·제본 | (주)삼신문화

펴낸곳 | 인물과사상사
출판등록 | 제17-204호 1998년 3월 11일

주소 | 04037 서울시 마포구 양화로7길 6-16 서교제일빌딩 3층
전화 | 02-325-6364
팩스 | 02-474-1413

www.inmul.co.kr | insa@inmul.co.kr

ISBN 978-89-5906-182-2 74300
      978-89-5906-130-3 (세트)

값 12,000원

이 저작물의 내용을 쓰고자 할 때는 저작자와 인물과사상사의 허락을 받아야 합니다.
파손된 책은 바꾸어 드립니다.